Kindler
Taschenbücher

Geist und Psyche

Annelise Heigl-Evers und
Franz Heigl

Geben und Nehmen in der Ehe

Eine tiefenpsychologische Studie

Kindler
Taschenbücher

GEIST UND PSYCHE
herausgegeben von Nina Kindler

In der Reihe Geist und Psyche sind von Annelise Heigl-Evers
und Franz Heigl bisher erschienen:

Lieben und Geliebtwerden in der Ehe (02118)
Gelten und Geltenlassen in der Ehe (02128)

2. Auflage 1979

Kindler Verlag GmbH, München

Ungekürzte Lizenzausgabe der 3. Auflage des Buches
von 1971 mit Genehmigung des
Verlages für Angewandte Psychologie, Stuttgart
Gesamtherstellung: Friedrich Pustet, Regensburg
Printed in Germany 1979

ISBN 3 463 02151 X

INHALT

Vorwort 7

I. Die Hauptkonflikte des Menschen in der Ehe 9

II. Das Besitzstreben des Menschen 29
1. Übersicht über das Besitzerleben 29
2. Entfaltung, Ausfächerung und Störungen des Besitzerlebens 30

III. Eheleute unter sich: Szenen mit Kommentar 41
1. Verzerrungen und Entstellungen des Fragens und Bittens . 41
2. Illusionäre Erwartungshaltungen 47
3. Anspruchs- und Vorwurfshaltungen 54
4. Besitzergreifende Liebe 65
5. Neid 69
6. Opferhaltungen 70
7. Unfähigkeit zum Neinsagen 78
8. Geiz 82

IV. Schlußwort 87

VORWORT

Diese Studie ist aus der psychotherapeutischen Praxis heraus entstanden. Der Stoff für die im praktischen Teil dargestellten Eheschwierigkeiten wurde von Eheleuten geliefert. Es handelt sich also um konkrete Schwierigkeiten des all-täglichen Lebens.

An der Alltäglichkeit des Stoffes wird sich mancher stoßen. Daß die Frage eines Taschengeldes oder eines Skatabends, daß ein Kinobesuch oder das Annähen eines Knopfes zum Kristallisationskern ernsthafter zwischenmenschlicher Konflikte werden soll, mag lächerlich scheinen. Die wirklichen Ursachen des Nicht-mehr-verstehen-könnens in der Ehe, insbesondere der Ehe differenzierter gescheiter Menschen, sind doch im Bereich sublimerer Auseinandersetzung — etwa in ästhetischen, weltanschaulichen oder religiösen Bereichen — zu suchen. So oder so ähnlich wird mancher Leser argumentieren.

Die Erfahrung lehrt jedoch, daß gerade die All-täglichkeiten, daß die täglichen Wiederholungen, das „Immer-wieder" der „banalen" Belange des Zusammenlebens das Klima einer Ehe entscheidend bestimmen — im positiven wie im negativen Sinne. Die „banalen" Belange wiederum gruppieren sich erfahrungsgemäß vor allem um drei Themen, um Besitz, um Geltung und um Liebe bzw. im engeren Sinn um Sexualität. Die darauf bezogenen Antriebe oder Strebungen in ihren konflikthaften Verarbeitungen sind wesentlicher Gegenstand der Tiefenpsychologie.

Es geht in der Ehe ganz entscheidend darum, ob man sich im Besitz-, im Geltungs- und im Intimitätsbereich verträgt oder nicht verträgt. Wenn wirklich einmal Zankereien auf „höherer Ebene" die Auseinandersetzung zwischen Eheleuten vordergründig beherrschen, dann wurzeln sie doch zumeist in jenen anderen kreatürlicheren Schichten.

In dieser Schrift sollen Eheprobleme aus dem Bereich des Besitzerlebens behandelt werden. Zwei weitere Studien über Eheprobleme im Geltungsbereich und im eigentlichen Liebesbereich werden folgen.

Diese Reihenfolge wird vielleicht gleichfalls Befremden auslösen. Warum an den Anfang solcher Erörterungen den Besitzbereich stellen, da es in der Ehe doch erstlich um Liebe geht?

Die psychotherapeutische Praxis lehrt jedoch, daß Störungen im eigentlichen Liebeserleben meist aus Konflikten des Besitz- und des Geltungserlebens hervorgehen und nicht umgekehrt. Deshalb ist entgegen dem Augenschein die vorgesehene Reihenfolge der Themen — Besitz, Geltung, Liebe — psycho-logischer.

Diese Studie, die ebenso systematisch wie auch assoziativ — im Durchblättern — lesbar ist, wie wir hoffen, will kein psychoanalytisches Lehrbuch über die Ehe sein. Sie möchte lediglich Anregungen geben, Anregungen zu eigenem Nachdenken. Sie möchte beim Lesenden in gleicher Weise Verständnis für sein eigenes Erleben wie auch für das seines Ehepartners wecken.

Wer z. B. versteht, warum er in bestimmten Situationen dazu neigt, seinen Ehegefährten mit Vorwürfen zu überschütten, wer sich selbst besser begreifen lernt, der wird sich auch mit seinem Partner besser verstehen können.

Das Buch möchte dazu verhelfen, die Abhängigkeit der eigenen Gefühle und Affekte von der individuellen Entwicklung zu erkennen. Unter dieser Voraussetzung wird man eher geneigt sein, die Ecken und Kanten des Ehepartners als entwicklungsbedingt anzuerkennen, und wird sie weniger als persönliche Bosheit oder absichtliche Kränkung erleben.

Göttingen, im September 1961

I. DIE HAUPTKONFLIKTE DES MENSCHEN IN DER EHE

Alle Menschen streben nach Glück, und eine der wichtigsten Einrichtungen, Glück zu erlangen, ist die Ehe — immer noch und vielleicht mehr denn je. In einer Zeit, in der die Gefahr der Vermassung und Veramseisung besteht, treibt es den Menschen um so mehr, Glück und Geborgenheit in der Bindung an den ihm Nächsten, Vertrautesten zu suchen. Es sind die kleinen Täler, worin nach den Worten eines Dichters alles Glück der Menschen liegt, in Tälern — so klein — daß man sich von einem Rand zum anderen rufen kann (Jean Giono). Dort wird es gesucht und wird doch — trotz großer Sehnsucht und redlicher Bemühung — so oft nicht gefunden.

Es ließe sich eine Fülle zeitgeschichtlicher, soziologischer und psychologischer Gründe zur Erklärung dieser Tatsache aufzeigen. Wir wollen uns an dieser Stelle bescheiden und uns nur mit einigen psychologischen Ursachen und Bedingungen der mißglückenden Ehe befassen — und zwar mit solchen, die der Einsicht sich nicht offen darbieten, sondern die jenem Schattenbereich der Seele angehören, welcher nur indirekt erschlossen werden kann. Es ist der Bereich der Tiefenpsychologie.

Ein Phänomen, das sich der tiefenpsychologischen Beobachtung bei der Erforschung von Eheschwierigkeiten besonders augenfällig darbietet, ist die Illusion.

Als Christoph Kolumbus nach Westen segelte, um nach der Karte des Florentiners Toscanelli auf dem Seeweg Indien zu erreichen, da fand er zwar etwas — wenn auch nach sehr viel längerer Fahrt, als er veranschlagte; aber es war nicht Indien. Toscanelli hatte den Umfang der Erde viel zu klein und die Ausdehnung Asiens nach Osten viel zu groß angenommen. Die Fahrt nach Indien wurde unter falschen Voraussetzungen begonnen. Sie beruhte auf einer Täuschung, einer Illusion. Doch immerhin fand der Genueser Amerika. Es war ein fruchtbarer Irrtum gewesen. Verhängnisvoll dagegen war die Illusion, die den mythischen Helden Ikarus dazu trieb, mit seinem aus Wachs zusammengefügten Federkleid in den Strahlenbereich der Sonne und der Götter aufzusteigen. Das Wachs schmolz, und der seiner Flügel Beraubte stürzte ins Meer und ertrank. Seine Desillusionierung war zugleich sein Untergang.

Die Geschichte des Menschen ist immer auch eine Geschichte seiner Illusionen. Immer ist die Erkenntnis des Menschen lückenhaft. Immer aber ist er bestrebt, die Lücken seiner Erkenntnis auszufüllen, sie durch Gebilde seiner Phantasie kühn zu überbrücken und sich so eine geschlossene Welt zu schaffen. Diese Phantasiebrücken, diese Hypothesen, Theorien und Glaubenssätze aber sind häufig illusionär.

Die Auflösung solcher Illusionen ist immer insofern fruchtbar, als in der Ent-täuschung die Täuschung aufgehoben wird; aber sie ist in ihrem Vollzug auch oft gefährlich. Man startet unter falschen Voraussetzungen zu großer Fahrt, man fällt mit Ikarus aus allen Wolken. Dennoch — Desillusionierung ist ein fruchtbares Geschehen. Die Entwicklung der menschlichen Erkenntnis, die Geschichte der Wissenschaft ist unter anderem eine fortschreitende Aufhebung von Illusionen, ist ein Desillusionierungsprozeß.

Soweit Illusionen klar konturierte Vorstellungen sind, denen der betreffende Mensch in strebender Aktivität nachzugehen bereit und die nachzuprüfen er bemüht ist, soweit können sie — wie gesagt — anregend und fördernd sein. Furchtbar ist es dagegen, wenn Illusionen zu Glaubenssätzen erstarren, zu einem Prokrustesbett, worein die Wirklichkeit sich zu fügen hat. Fatal ist es, wenn Illusionen den Menschen nicht als klar konturierte und daher jederzeit nachprüfbare Vorstellungen erfüllen, sondern als unbestimmte, den Luftspiegelungen der Fata Morgana vergleichbare Phantasien, denen der betreffende Mensch dann stets mit Lebenssehnsüchten und Hoffnungen verhaftet ist, und zwar in passiver, in abwartender Weise. Er wartet ab, daß die zaubrischen Gebilde sich eines Tages als Wirklichkeit vor seinen Augen etablieren, so daß er auf höchst bequeme Weise nur hineinzuspazieren braucht.

Um solche illusionären Erwartungen, solche vagen, schwer bestimmbaren, aber ihrer Art nach zähen und penetranten Gebilde, von deren Existenz und Wirksamkeit ihr Träger zumeist nicht einmal oder nur in etwa weiß — um solche Illusionen aber geht es meist auch dann, wenn eine Ehe nicht glücken will. Diese Luftspiegelungen der Seele trüben das Bild von der Ehe und vom Ehepartner und verleiten dazu, Unangemessenes oder zuviel zu erwarten, wie — nun etwa wie jener Mann es tat, der einen Obstbaum in seinen Garten pflanzen wollte. Oh, er hatte ein großes Verlangen nach Obst, und zwar schwebte ihm — ein Traum von Kindheit an — etwas Zartes, Saftiges dabei vor, etwas auf der Zunge Zergehendes — am ehesten vielleicht einem Pfirsich vergleichbar. Aus dem Wunsch heraus, solche Früchte in seinem Garten alljährlich ernten zu können, wählte er einen Obstbaum, der ihm wegen seines kräftigen Wuchses besonders widerstandsfähig schien und dem im übrigen nachgerühmt wurde, daß er mit einem Minimum an Bodennahrung und Pflege auskommen und doch beste Ernten liefern würde. Der Mann pflanzte diesen Baum in seinen Garten in der zuversichtlichen Hoffnung auf eine Ernte jener ihm als so köstlich vorschwebenden Früchte. Nun ist es aber ein Apfelbaum gewesen, und zwar einer der gemeineren Art, den er auf diese Weise seinem Garten einverleibte. Und er war betrübt und empört zugleich, als zur Erntezeit der Wind ihm derbe Borsdörfer anstatt jener Traumfrüchte von den Ästen schüttelte. Im ersten Jahr nahm der Mann an, daß es ein Irrtum des Baumes gewesen, als er gewöhnliche Äpfel trug, und er hoffte auf die nächste Saison – wiederum vergeblich. Seine betrübte Empörung aber wurde von Jahr zu Jahr größer, und eines Herbstes geriet er in Zorn und griff zur Axt . . . .

Dieser Mann ist keine Ausnahmeerscheinung. Es gibt ihn überall. Es ist uns Menschen geradezu eigentümlich, illusionsverhaftet, Täuschungen unterworfen zu sein – Täuschungen im Sinne der zuvor genannten Erkenntnismängel und Irrtümer und Täuschungen auch im Sinne der letztgenannten diffusen illusionären Erwartungen, die auf Welt und Mitmenschen, aber auch auf uns selbst gerichtet werden. Der Ursprung solcher Irrtümer ist bekannt. Sie entstehen, wenn Lücken zwischen begründeten Erkenntnissen hypothetisch überbrückt werden. Dem Ursprung der anderen, der gefährlicheren, der illusionären Erwartungen wollen wir im folgenden nachgehen.

Sie entstehen in der frühen Kindheit, in den ersten fünf bis sechs Lebensjahren etwa. Dort sind ihre Keime bei sorgfältigem Forschen stets aufzufinden.

Alles Lebendige will sich durchsetzen und behaupten und drängt in Form von Strebungen, Antrieben und Bedürfnissen zur Entfaltung. Die Formulierung der unmittelbarsten und umfassendsten Tatsache des menschlichen Bewußtseins lautet nach Albert Schweitzer: „Ich bin Leben, das leben will, inmitten von Leben, das leben will." Das ist kein ausgeklügelter Satz, wie der Autor sagt, sondern die Grundlage menschlichen Denkens und Erlebens.

Stößt nun das Lebendige in den frühen keimhaften Regungen seiner Antriebe und Bedürfnisse auf einen zu harten Gegenwillen, auf eine zu versagende, zu einengende Umwelt, dann kann es sich nicht seiner Bestimmung gemäß entwickeln. Zwischen drängendem, auf Wachstum versoscnem Leben und harter Umwelt kommt es zu einem Kompromiß in Gestalt eines Kümmerwuchses, so etwa wie die zu geradem Wuchs bestimmten Kiefern auf den Dünen am Meer sich dem Winde beugen müssen und zu Krüppelkiefern werden.

In solcher Weise wirksame Umwelthärten sind weniger in den äußeren Gegebenheiten zu suchen, unter denen die Entwicklung eines Kindes sich vollzieht — Gegebenheiten, wie Kriegszeit und Not, mißliche soziale Lage, beengende Wohnungen und dergleichen — obwohl auch sie natürlich die kindliche Entfaltung beeinflussen. Das „Massenexperiment" des Bombenkrieges in England hat jedoch bewiesen, daß Entwicklung und Gedeihen des Kindes weit mehr von der Art der elterlichen Liebe und Zuneigung abhängen als von den genannten äußeren Faktoren. So wurde beobachtet, daß Kinder, die von ihren Eltern wirklich geliebt wurden, trotz gehäufter Bombenangriffe an Gewicht und Vitalität zunahmen. Jene Kinder dagegen, die solche Liebe mehr oder weniger entbehren mußten, verloren an Gewicht und Vitalität auch dann, wenn die Belastungen des Bombenkrieges minder schwer waren als für die erstgenannte Gruppe. Unter Härte, die Lebendiges in seiner Entfaltung beeinträchtigt, müssen wir also in erster Linie eine unzulängliche Liebe von seiten der Eltern oder der sonstigen Pflegepersonen verstehen.

Es ist schwierig, sich darüber zu einigen, was unter dem weitläufigen Wort „Liebe" verstanden werden soll, und darüber, wann sie ausreicht und wann sie unzulänglich ist. Wir möchten vor allem zwei Abwandlungen der Liebe, die oft genug als echt ausgegeben werden, für unzulänglich halten — die moralisierende Liebe und die fressende Liebe. Beide Spielarten zeichnen sich wie alle Surrogate echter Liebe dadurch aus, daß sie an Bedingungen geknüpft sind. Werden diese Bedingungen abgelehnt, wird ihre Erfüllung verweigert, dann droht umgehend Liebesentzug.

Im Fall der moralisierenden Liebe wird dem Kind die Bedingung auferlegt, besondere moralische Forderungen zu erfüllen, wenn es nicht der Liebe verlustig gehen will. Dies bedeutet: Das Kind muß artig sein und bescheiden, sauber, ordentlich, gefügig und was sonst noch immer, wenn es geliebt werden will. Verstößt das Kind gegen diese Forderungen, folgt Liebesentzug auf dem Fuß. Für das Kind bedeutet solcher Liebesentzug aber, daß ihm geradezu der Boden unter den Füßen weggenommen wird; denn ein Kind kann ohne die elterliche Liebe und Zuwendung schlechthin nicht existieren — je kleiner es ist, um so weniger. Das heißt: Das Kind muß sich den ihm auferlegten Bedingungen beugen, so wie die junge Kiefer auf der Düne dem Wind sich beugen muß, wenn sie nicht brechen will.

Im Fall der fressenden Liebe dagegen wird dem Kind die Bedingung gestellt, auf die Entwicklung von Selbständigkeit und Eigenwilligkeit weitgehend zu verzichten, wesensmäßig immer ein kleines und hilfsbedürftiges Geschöpf zu bleiben, das sich von den Eltern in Liebe vereinnahmen, also fressen läßt. Für diesen Preis wird ihm dann ein Übermaß an Besorgnis, an Geborgenheit und Umhegung angeboten. Jeder Schritt heraus aus diesem Gehege, jeder Ansatz zur Selbständigkeit löst bei den Erwachsenen Traurigkeit, ja Entsetzen aus — so etwa, wie es in dem weitverbreiteten Liede vom „Hänschen klein" zum Ausdruck kommt. Weil es angesichts des Weinens der Mutter sich geradezu als kleiner Verbrecher vorkommen muß, darum

> „besinnt sich das Kind,
> läuft nach Haus geschwind"

zurück in den goldenen Käfig.

Die echte Liebe zum Kind aber stellt keine Bedingungen. Sie ist bedingungslos und bleibt auch dann bestehen, wenn das Kind etwas tut, was die Eltern durchaus nicht billigen. Rüge, Tadel oder drastischere Strafe richten sich nur gegen sein spezielles Verhalten — nicht gegen das kleine Geschöpf selber. Es bleibt in der Zuneigung der Eltern geborgen, auch wenn sein Verhalten einmal mißfällt.

Unter der Einwirkung einer durch unzureichende Liebe falsch gesteuerten Erziehung werden die keimhaft zur Entfaltung drängenden Antriebe und Bedürfnisse des Kindes gehemmt, und es kommt zu einer Art Kümmerwuchs. Solche Gehemmtheiten, solche Verkümmerungen werden von jedem Kinde erworben — freilich in sehr verschiedenem Ausmaß — je nach dem Härtegrad der frühkindlichen Umwelt. Es gibt keine vollkommene Liebe, und es gibt daher auch nicht das Lebendige in der ungeminderten Fülle seiner Vitalität, in seiner vollkommen entwickelten Gestalt. Da alle Menschen illusionsverhaftet und Irrtümern unterworfen sind, und zwar in allen Lebenbereichen, so machen auch alle Eltern Erziehungsfehler, die zumeist aus Irrtümern entspringen, etwa aus der Unkenntnis der frühkindlichen Antriebe und Bedürfnisse, aus eigenen unbewältigten Lebensschwierigkeiten und anderen Ursachen.

Es gehört also zum unabwendbaren Schicksal des Menschen, bereits in der Kinderzeit an der vollen Entfaltung seiner Kräfte gehindert zu werden — mehr oder weniger versteht sich. Wenn die Behinderung solche Grade erreicht, daß ihr Krankheitsbedeutung zukommt, dann spricht man von Neurose. Dabei kann die mangelnde Entfaltung, die Schrumpfung der lebendigen Gestalt so ausgeprägt sein, daß der Mensch schlechthin nicht mehr lebensfähig ist.

Das Lebendige drängt zur Entfaltung und wird dabei gehemmt — wobei der Hemmungsprozeß mit den daraus resultierenden Gehemmtheiten sich entscheidend in den ersten fünf bis sechs Lebensjahren abspielt. Beides — Entfaltung und Hemmung — vollzieht sich in grober Gliederung vornehmlich in drei Erlebnisbereichen, dem Bereich des Besitzstrebens, des Geltungsstrebens und des Liebesstrebens oder — im engeren Sinne — der Sexualität. So wie die menschliche Natur geartet und die zwischenmenschliche Ordnung nun einmal beschaffen ist, gerät das Kind vor allem auf diesen Gebieten in Konflikte. Um der Liebe und Zuneigung der Eltern willen, auf die ein Kind bei Wahrung seiner Existenz nicht verzichten kann, „verzichtet" es in Erfüllung der ihm auferlegten Liebesbedingungen auf seine Bedürfnisse nach Besitz, nach Selbstdurchsetzung und Geltung und nach Sexualität im weiteren oder engeren Sinne.

In diesen drei Bereichen haben sich seit eh und je für den Menschen, für alle Menschen Knoten geschürzt und Konflikte gebildet, und ebenso sind seit eh und je die Menschen bemüht, diese Knoten zu entwirren und diese Konflikte in gültiger Weise zu lösen. Eine Fülle von Mythen, von Sagen und Märchen ist von der menschlichen Phantasie in allen Kulturräumen um solche Konflikte und Auseinandersetzungen gesponnen worden. Besitz, Geltung und Liebe und das nie endende Streben danach — ein unerschöpflicher Stoff! Es sei nur an die heitere Weise erinnert, mit der das deutsche Märchen vom Tischlein deck dich, vom Esel streck dich und vom Knüppel aus dem Sack das Besitz- und Selbstbehauptungsproblem behandelt: Wer seinen Tisch jederzeit zu bestellen, seinen Beutel jederzeit zu füllen und sich außerdem seiner Haut kräftig zu wehren weiß, der ist ein gemachter Mann und mag abends unbesorgt sein Haupt zur Ruhe betten. Auf religiöser Ebene wird oftmals als Lösung der drei menschlichen Kardinalstrebungen und Konflikte der Verzicht, die Askese angeboten und empfohlen — so in den drei evangelischen Räten, dem Rat zur Armut, zum Gehorsam und zur Keuschheit. Auch Dichtung und Literatur finden in den genannten Konflikten vielfach ihre Kristallisationspunkte. So kreist zum Beispiel die Problematik der Romangestalten Dostojewskijs immer wieder um die Themen Habgier, Hochmut und Wollust — also um jene drei Strebungen in ihrer rücksichtslosen und bedenkenlosen Ausprägung.

Soweit die modernen Wissenschaften vom Menschen — die Anthropologie, die Soziologie, die Ethnologie und insbesondere auch die Tiefenpsychologie — mit diesen Fragestellungen befaßt sind, hat sich ergeben, daß es dem Wesen des Menschen eigentümlich ist, weder seine Antriebe total zu unterdrücken, noch sie hemmungslos auszuleben. Die Antriebe sind als Vitalenergien den Elementarkräften der anorganischen Natur vergleichbar, dem Feuer etwa, dem Wasser, dem Wind. Sie haben als solche keinen moralischen Inhalt. Sie sind weder gut noch böse und erhalten Eigenart und besondere Bedeutung erst dadurch, wie der Mensch sie einsetzt und gestaltet.

Alle Menschen erwerben also in früher Kindheit Gehemmtheiten ihrer Vitalstrebungen. Da aber Lebendiges niemals völlig unterdrückt werden kann, müßten wir uns fragen, was aus den unentwickelten Antrieben und behinderten Kräften wird. Tatsächlich bleiben sie erhalten, bleiben bestehen als Bereitschaften, als potentielle Energien gleichsam, die imstande sind — eventuell auch gegen den Willen ihres Trägers — sich irgendwie zu verwirklichen. Dabei muß der Akzent auf irgendwie gelegt gelegt werden; denn sie verwirklichen sich nur als abartige und skurrile Abwandlungen dessen, was sie ursprünglich sein sollten. So erscheinen sie als neurotische Symptome körperlicher, seelischer oder charakterlicher Art, als Fehlverhaltensweisen der verschiedensten Nuancen, als kauzige oder spleenige Haltungen und im Sonderfall wohl auch einmal als kriminelle Handlung. In diesen und ähnlichen Gestalten setzen sich die gehemmten Antriebe und Bedürfnisse dennoch durch, in jedem Fall aber auch in Form von Illusionen oder illusionären Erwartungen. Das Lebendige, das sich nicht seiner Ursprünglichkeit gemäß entfalten durfte, drängt in entstellter Form als Illusion ans Licht.

Solche Illusionen haben wir in unterschiedlicher Ausprägung alle. Denn schlechthin erwartet jeder Mensch irgendwann, irgendwo und irgendwie, daß ihm das Schicksal oder Gott oder seine Mitmenschen oder ganz speziell auch der Ehepartner das geben, was er selbst nicht in aktiver Weise anzustreben vermag, daß jene stellvertretend verwirklichen, was er auf Grund unentwickelt gebliebener Kräfte nicht verwirklichen kann: eine Verkennung, eine Täuschung, eine Illusion insofern, als sich in der Außenwelt, vom anderen her, vollziehen soll, was nur als eigene Lebendigkeit entfaltet werden kann. So sieht der Mensch auf Grund seiner Gehemmtheiten das Leben leidigerweise nicht so wie es ist, sondern wie die Wunschphantasien seiner Illusionen es haben möchten und wie es sich nur im seltenen Fall einmal abspielt.

Von solchen Illusionen ist zu unterscheiden, was Erich Fromm[1] unter einem echten Ideal versteht. Unter dem Blickwinkel eines solchen Ideals wird die Welt so gesehen, wie sie nun einmal ist. Aber es wird gleichzeitig versucht, etwas, was bislang noch nicht verwirklicht, was für das Wachstum des Einzelnen wie des Ganzen aber wünschenswert ist, mit aller Intensität anzustreben. Solch ein Ideal wäre — wir wollen noch

---

[1] Fromm, E., The Fear of Freedom, London 1955.

einmal Albert Schweitzer zitieren — die Ehrfurcht vor dem Leben, „Ehrfurcht vor dem Leben in mir und außer mir", das Grundprinzip des Ethischen, das sich Albert Schweitzer nach langer Denkarbeit erschloß, als er im Sommer 1915, auf einem Schleppkahn den Ogowe-Fluß hinaufreisend, eines Abends bei Sonnenuntergang durch eine Herde Nilpferde hindurchfuhr.

Wenn alle Menschen Gehemmtheiten und infolgedessen illusionäre Erwartungen haben, dann müßten — sofern sie verheiratet sind — wegen dieser Illusionen auch bei ihnen Eheschwierigkeiten aufzufinden sein. Auch das trifft mehr oder weniger zu. Das heißt: Eheschwierigkeiten können ihrem Umfang nach so gering sein, daß sie praktisch nicht ins Gewicht fallen; sie können aber auch ihrer Ausdehnung nach eine Ehe bis zum Zerreißen anspannen und beanspruchen. Zudem möchten wir eine Unterscheidung treffen zwischen normalen Eheschwierigkeiten und neurotischen, d. h. eben solchen, die aus Gehemmtheiten und illusionären Erwartungen der Ehepartner entspringen.

Wenn eine junge Frau etwa erzählt, sie habe sich schon am dritten Tag nach der Hochzeit mit ihrem Mann gezankt, und wenn sie darin ein ernstes Krisensymptom sieht, dann darf man ihr versichern, daß so etwas normalerweise geschieht, ja, daß es geradezu merkwürdig wäre, wenn es zwischen zwei Menschen nicht zu Meinungsverschiedenheiten, zu Auseinandersetzungen und gelegentlich auch zu Zank und Streit käme. Das Sprichwort von der Ehe, die, wenn auch im Himmel geschlossen, dennoch auf Erden geführt wird, trifft durchaus zu. Es liegt in der Natur der Ehe als einer engen Verbindung von zwei Menschen, die nach Herkunft, Veranlagung, Erziehung, Stand und Neigungen verschieden sind, daß sie auch im günstigsten Fall nicht immer und überall harmonisch sein kann. Auf dieser Ebene entstehende Schwierigkeiten sind jedoch mit Verständnis, mit Nachsicht und Geduld — kurz, mit gutem Willen — eigentlich immer zu bewältigen.

Bei den Eheschwierigkeiten neurotischer Natur reicht der gute Wille dagegen leider nicht aus. Neurotische Illusionen sind ihrem Träger nur schattenhaft bewußt. Er hat zu ihnen keine kritische Distanz. Er hält seine aus Gehemmtheit resultierenden Wunschphantasien vielmehr für durchaus natürlich und berechtigt. Das erschwert die Auseinandersetzung mit allen daraus erwachsenden Schwierigkeiten. Wir wollen das in einem späteren Zusammenhang noch näher erörtern.

Erfahrungsgemäß ist die Ehe ein geradezu bevorzugter Austragungsort neurotischer zwischenmenschlicher Schwierigkeiten. Leider! Woher rührt dieser Tatbestand?

Die eheliche Situation, welche zwei Menschen nah und intim zusammenrückt, welche die Distanz zwischen ihnen so weitgehend aufhebt, wie es zwischen zwei gesonderten Wesen überhaupt nur möglich ist, hat infolgedessen auch ihren besonderen Blickwinkel. Man sieht einander deutlich — vielleicht überdeutlich. Die Schwächen des anderen fallen ebenso scharf konturiert ins Auge wie seine Stärken. Eine Perspektive, erheblich verschieden von derjenigen der Verliebtheit, die der Ehe gewöhnlich den Boden bereitet — der Verliebtheit mit der ihr eigenen „Urteilsschwäche" (Freud), die von Ortega y Gasset[1] als eine Aufmerksamkeitsanomalie, ja als „eine Art vorübergehenden Schwachsinns" definiert wird.

Wenn das Strohfeuer erster Verliebtheit niedergebrannt ist, wird es in der Ehe mit ihrer gleichmäßigen Beleuchtung von allen Seiten wohl geschehen, daß der eine Partner zum anderen sagt — verwundert, betroffen, verbittert, empört — je nachdem — „Wie Du Dich doch verändert hast! Als wir noch nicht verheiratet waren, warst Du ganz anders. Merkwürdig" oder „Wenn ich das gewußt hätte!" Tatsächlich hat sich der andere zumeist aber gar nicht verändert. Wie sollte das auch in so kurzer Zeit geschehen? Geändert hat sich nur die eigene Perspektive. Die Verliebtheit, die den Geliebten aus der übrigen Welt sozusagen herausblendete und ihn mit dem Glamour einer Großaufnahme überstrahlte, hat an Intensität verloren. Die Ehe hat begonnen und damit der Alltag, und alles stellt sich dar in seinen normalen Proportionen —, so wie es nun einmal ist.

Doch außer der nachlassenden Verliebtheit ist noch etwas anderes im Spiel, wenn sich der Partner in der Ehe als „so ganz anders denn zuvor" enthüllt. In den sonstigen Bezirken zwischenmenschlicher Begegnung, im sogenannten öffentlichen Leben, im Beruf, in der Freundschaft und auch in allen andersartigen, weniger fest als die Ehe geknüpften Liebesbeziehungen zeigt der Mensch sich im allgemeinen von seiner sogenannten besten Seite, ist er bemüht, sich zusammenzunehmen, sich zu beherrschen und sich nicht etwa — in welcher Form auch immer — gehen zu lassen. Wenn jene Beziehungen also eher straffend auf den Menschen wirken, so ist die Auswirkung der intimen Eheatmosphäre lockernd und entspannend. In diesem Bereich möchte sich jeder begreiflicherweise nicht nur von seiner besten Seite, sondern allseitig geben —, so wie er nun einmal ist. Und auf diese Weise bieten sich dem Ehepartner mehr als dem Partner sonstiger Beziehungen auch die unausgereiften, die weniger entwickelten und gleichsam kindlichen Wesenszüge dar.

---

[1] Ortega y Gasset, Über die Liebe, Stuttgart 1951.

Aber auch noch aus einem anderen Grund zeigt sich der Mensch gerade in der Ehe in seiner ganzen Unvollkommenheit. Die Ehe bedeutet — je nach Schwere der neurotischen Einengung — eine Wiederherstellung der Eltern-Kind-Situation — eine Herstellung also der Situation allererster Liebe; denn in jedem Falle sind die Eltern für ein Kind die ersten Liebespartner, wobei der Akzent für den kleinen Sohn mehr auf die Mutter, für die kleine Tochter mehr auf den Vater verschoben ist. Wir hatten darzulegen versucht, daß die Bedingungen dieser frühen Liebesbeziehung von den Eltern diktiert werden, soweit nicht das Ideal einer unbedingten, einer bedingungslosen Liebe zum Kind annähernd verwirklicht wurde. Von diesem Kindheitserleben her ist der Mensch sodann auf ein gewisses Muster in der Art, Liebe zu empfangen und zu geben, festgelegt, und er wird auch seine Ehe diesem Muster nachzubilden versuchen. Er wird also in der Frau die Mutter, seine Mutter, im Mann den Vater, seinen Vater, suchen und der Lebendigkeit der Partnerin oder des Partners somit eine Schablone aufpressen.

Daraus kann sich ergeben, daß jemand in der Ehefrau die eigene harte Mutter erlebt, obwohl die Partnerin viel weicher, oder im Ehemann den eigenen versagenden Vater, obwohl der Partner ungleich spendender ist. Die möglichen Variationen solchen Erlebens sind nicht zu zählen. Immer aber ruhen sie auf demselben Grund: So wie der Mensch als Kleinkind angehalten wurde, auf die ersten Beziehungspersonen seines Erlebens zu reagieren, so reagiert er auch auf alle Beziehungspersonen seines späteren Daseins — in ganz besonderem Maße aber auf den Ehepartner. Die Ehe wird zur Nachbildung der frühkindlichen Liebessituation.

Die Ehe als Wiederherstellung der Eltern-Kind-Situation führt zugleich zu einer Wiederbelebung illusionärer Erwartungen. Sie belebt jene illusionären Erwartungen, die ein Ausdruck frühkindlich erworbener Gehemmtheiten sind, von Gehemmtheiten, die unter den besonderen einengenden Bedingungen der jeweiligen Eltern-Kind-Situation entstanden sind.

Ein Mensch, der, gehemmt in seinem Besitzstreben, nicht aktiv zugreifen kann, der sich nicht selbst seine Scheibe von der Welt abzuschneiden versteht, erwartet dafür von den anderen, daß sie ihm ungebeten diese Scheibe überreichen, daß sie seinen Wünschen unaufgefordert entgegenkommen, ja, daß sie seine unausgesprochenen Wünsche zu erraten wissen. Wer — in seiner Selbstbehauptung früh behindert — sich nicht aus eigener Kraft das ihm eigentlich zugehörige Maß an Geltung, an Anerkennung und Würde verschaffen kann, erwartet von den anderen, daß sie ihm dieses Maß an Bestätigung darbringen. Wer sich nicht einen Partner erobern, wer sich nicht durch Einsatz eigener

Gefühlskräfte die Liebe eines anderen Menschen erringen kann, der erwartet – wie selbstverständlich –, daß die Liebe irgendwann, irgendwo in Gestalt irgendeines Menschen, in der verklärten Gestalt eines Prinzen, einer Königstochter auf ihn zukommt – wie im Märchen ... Im Märchen vom Dornröschen etwa, der Königstochter, die hundert Jahre lang im Schlummer der Erwartung lag, noch dazu versteckt, abgeschirmt durch eine mit Dornen bewehrte Hecke, bis dann – wie selbstverständlich – zu gegebener Stunde ein Prinz erscheint, der die Schlafende erlöst und sie zur Hochzeit führt.

Solchen Erwartungen im süßen Schlummer fortwährender Kindlichkeit hingegeben – Dornröschen alterte nicht in diesen hundert Jahren, sie blieb das fünfzehnjährige Mädchen, als das sie entschlief –, stillschweigenden Erwartungen, selbstverständlichen ... Welche Illusion! Die Schwierigkeit liegt darin, daß der gehemmte Mensch diese Erwartung in Verkennung ihres illusionären Charakters als selbstverständlich ansieht. Die Erfüllung aller unentwickelten, aller nicht selbst erlebten und verwirklichten Antriebe und Bedürfnisse wird wie selbstverständlich vom anderen erwartet – in der Ehe vom Ehepartner. Als Beispiel sei die Frau genannt, die – Ideal einer früheren Zeit – vom Elternhaus umhütet aufwuchs, die, von jeher vor jedem Sturm geschützt, nur zart, nur ästhetisch, nur anlehnungsbedürftig ist, um sich bald nach der Eheschließung als ungeheuer machthungrig herauszustellen und vom Manne zu erwarten, daß er sie auf einen Thron erhöht und ihr die Welt zu Füßen legt. Oder aber ein nur weicher Mann, der vor der Ehe der geliebten Frau pagenhaft diente und ihr jeden Wunsch von den Augen ablas, meldet nach der Hochzeit seine Erwartung an, von der Partnerin dauernd umsorgt und umhegt zu werden.

Da der Ehepartner aber nicht dazu da, ja bei allerbestem Willen auch gar nicht in der Lage ist, die unentwickelten Strebungen des anderen stellvertretend zu vollziehen und die darin enthaltenen Bedürfnisse zu befriedigen, so kommt es unweigerlich über kurz oder lang zur Enttäuschung. Der mit illusionären Erwartungen Behaftete wird immer den Eindruck haben, daß der andere nicht wirklich auf ihn eingeht, daß er ihn nicht genügend versteht, daß er ihn schließlich und endlich einfach nicht richtig liebt. Er fühlt sich vom anderen schmählich enttäuscht. Hatte er den Partner vor der Ehe – ganz besonders im verklärenden Glanz der Verliebtheit – und bis in die Anfangsstadien der Ehe hinein nur weiß, nur licht, nur strahlend gesehen, weil er sich von dieser Lichtgestalt alles erhoffte, so sieht er ihn jetzt in der Enttäuschung nur schwarz, nur finster. Das eben ist ja Enttäuschung – Schmerz und Trauer darüber, daß nicht eintraf, was man doch felsenfest erwartete. Zumeist gesellen sich zu diesem Schmerz noch Ärger und Zorn darüber, daß der andere einen so getäuscht hat. Leider bleibt die Enttäuschung oft in diesem Stadium stecken — auf halbem Wege sozusagen — und versäumt damit ihren positiven, ihren fruchtbaren Ansatzpunkt.

Enttäuschung heißt im eigentlichen Wortsinn Ent-täuschung, Aufhebung der Täuschung. Eine wirkliche Aufhebung der Täuschung in unserem Fall — im Fall einer an den Ehepartner geknüpften illusionären Erwartung — würde zu der Einsicht führen: Nicht mein Partner hat mich enttäuscht oder gar getäuscht, sondern ich, ich selbst habe mich in meinen Erwartungen getäuscht. Ich habe Illusionen, falsche Vorstellungen vom Wesen meines Partners und von den Möglichkeiten unserer Ehe gehabt. In dieser Einsicht erscheint der Partner dann weder als weiße Lichtgestalt, noch als schwarzer Unhold, sondern in jenen Schattierungen des Spektrums, die wir Farben nennen und an denen als dem Abglanz des reinen Lichtes wir das Leben haben (Goethe). Eine so geartete Ent-täuschung, eine positive Desillusionierung also, kann zur Vorbereitung eines Entwicklungsschrittes, einer Erweiterung der eigenen Möglichkeiten werden — genau wie in der Entwicklung der Wissenschaft eine konsequente Ent-täuschung zu Erkenntniszuwachs führt.

So verstanden, gehören Enttäuschungen unerläßlich zum menschlichen Reifungsprozeß, schließt individuelle Reifung eine fortschreitende Aufhebung von Illusionen, eine Desillusionierung ein. So gesehen, führt jede Enttäuschung, die nicht in Schmerz und Zorn stagniert, zu eigener Entfaltung. Denn wenn die Täuschung über eine illusionäre Erwartung aufgehoben ist, dann muß — bei eindringlichem Hinsehen — entdeckt werden, was diese Illusion in entstellter Form darbot: die eigenen Triebkräfte und Vitalstrebungen nämlich, die auf ihre Entwicklung warten. Positive Desillusionierung! Es sieht sich in der Beschreibung so simpel an und ist doch im Vollzug oft nicht weniger mühsam, aber auch nicht weniger gewinnbringend als die Entdeckung Amerikas — gewinnbringend nicht zuletzt für die Partnerschaft.

Wie sieht aber solch eine von illusionären Erwartungen befreite Partnerschaft, wie sieht eine Ehe ohne Illusionen aus? Es ist die Besonderheit menschlicher Existenz, im Sinne eines Paradoxons gleichzeitig nach Nähe und Unabhängigkeit, nach Einssein mit dem anderen und nach Bewahrung der eigenen Besonderheit, der Eigen-art zu streben. Es kommt demnach darauf an, nicht sich ineinander aufzulösen, sondern aufeinander bezogen zu sein, nicht sich füreinander aufzugeben, sondern miteinander verbunden zu sein, nicht zentripetal vom anderen her hin zu sich selbst, sondern zentrifugal von sich selbst her zum anderen hin zu leben. Eine Ehe ist lebendig, wenn jeder seine Besonderheit wahrt und wenn gleichzeitig eine Bezogenheit von Wesen zu Wesen die Basis schafft für eine Gemeinsamkeit, die beide Individualitäten umfaßt — eine Bezogenheit, die gemeinhin Liebe genannt wird.

Es ist weithin die Meinung zu finden, daß es nichts Leichteres gebe als zu lieben und daß es nur eben darauf ankomme, den richtigen Partner zu finden, der einen auf höchst wunderbare Weise — gleichsam über Nacht — dazu befähigt. In zahlreichen Schlagern, diesen Volksliedern der Jetzt-Zeit, wird die romantische Vorstellung ausgedrückt, daß man irgendwann, irgendwo und irgendwie den Richtigen, die Richtige finden und daß man sodann lieben werde. Doch auch diese Vorstellung, daß es nur des richtigen Partners bedarf, um lieben zu können, ist wiederum eine Illusion. Tatsächlich kommt es nicht so sehr darauf an, den unbedingt einzig richtigen Partner zu finden, als vielmehr darauf, die eigene Liebesfähigkeit zu entwickeln.

Was ist das aber für eine geheimnisvolle Fähigkeit? Erich Fromm[1] erläutert die Liebe als die Befähigung, dem Partner mit Fürsorge, in Verantwortung, mit Achtung und mit Verständnis zugewandt zu sein. Fürsorge heiße, sich um den geliebten Menschen in pfleglicher Weise zu bemühen und nach Art eines Gärtners sein Wachstum zu fördern und seine Entwicklung zu begünstigen. „Man liebt, wofür man sich müht, und man müht sich für das, was man liebt" (Erich Fromm). Verantwortung für den anderen heiße, bereit sein zu antworten — auf seine Regungen, seine Äußerungen, seine Bedürfnisse, vor allem, was sich an Lebendigkeit in ihm entfalten wolle. Achtung, Respekt vor dem anderen, das bedeute, ihn zu beachten, ihn zu berücksichtigen (Respekt leitet sich ab vom lateinischen respicere = rück-sehen, Rücksicht nehmen). Ihn zu berücksichtigen in seiner Wesensbeschaffenheit, in seiner Eigenart, mit seinen Vorzügen und mit seinen Fehlern und Schwächen. Mitsamt seinen Fehlern und Schwächen und — so sei hinzugefügt — ein wenig wegen seiner Fehler und Schwächen; denn wie der Humor stets „trotzdem lacht", so liebt die Liebe ebenfalls „trotzdem". Und das Erkennen, das Verstehen schließlich — es heiße Wissen um des anderen Wesen, um seine Individualität, im Sinne einer Zuneigung, die um so stärker, je sehender sie ist.

Liebe ist also eine höchst differenzierte Fähigkeit, die niemandem als Sternengeschenk in den Schoß fällt, sondern zu deren Entfaltung und Verwirklichung es vieler Mühen bedarf — anders als bei der bloßen Verliebtheit, die man bekommt wie die Masern, nur ohne nachfolgende Immunität, da die Einsamkeit des Menschen mit seiner im Körperlichen

---

[1] Fromm, E., Man for himself, London 1950.

wurzelnden Sehnsucht nach Nähe ein allzeit fruchtbarer Nährboden für diese „Krankheit" bleibt. Wie es für ein spielendes Kind weniger wichtig ist, ein möglichst ideales Spielzeug zu besitzen als vielmehr phantasievoll mit einem Spielzeug umgehen zu können, also spielfähig zu sein, so ist auch für den Liebenden nicht so sehr entscheidend, den einzig idealen Partner zu haben, als vielmehr sich aufs Lieben zu verstehen. Liebe schafft aber allemal ein Klima, das der Gegenliebe gedeihlich ist. „Man wird nicht zufällig geliebt; die eigene Kraft zu lieben, erzeugt Liebe, genauso, wie man interessant wird dadurch, daß man sich interessiert" (Erich Fromm).

Und die Verliebtheit, die körperliche Anziehung, die an der Nähe des anderen sich entzündende Sinnenfreude und Sinnenlust — welchen Anteil hat denn sie an der ungewöhnlichen Aktivität des menschlichen Gemüts, die wir Liebe nennen, „dem aktivsten Geschäft, das es gibt" (Ortega y Gasset)? Die Verliebtheit ist keinesfalls von der Liebe zu trennen, sie ist der Liebe Stimulans, ihr Lock- und Weckmittel. Doch ist auch die Verliebtheit kein rein passives Hingenommenwerden, kein Geschehen, dem man einfach nur ausgeliefert ist. Sie kommt vielmehr nur dann zustande, wenn eine gewisse Disposition besteht, eine Bereitschaft, ein Offensein. Damit zwischen zwei Menschen der Zustand der Verliebtheit sich herstellt, bedarf es einer Aktivität sowohl der Hinwendung als auch der Empfänglichkeit. Die Frau, die den Mann einerseits „reizt" — eine reizende Frau also — und die sich andererseits von ihm „ansprechen" läßt. Der Mann, der die Frau „anspricht" — also ein ansprechender Mann — und der sich gleichzeitig ihren Reizen empfänglich öffnet. Auch das ist Aktivität. „Jede Liebe geht durch die heiße Zone der ‚Verliebtheit' hindurch. Dagegen gibt es ‚Verliebtheiten', denen keine echte Liebe folgt. Verwechseln wir also nicht den Teil mit dem Ganzen!" (Ortega y Gasset). Aber — wie gesagt — jede Liebe durchläuft diese Zone — nicht nur im allerersten Beginn, sondern immer wieder. Jede Liebe drängt auch nach körperlicher Nähe und nach sinnlicher Beglückung. Eine Fülle erotischer Lyrik bezeugt es:

> „Ich habe was zu sinnen,
> Ich hab, was mich beglückt,
> In allen meinen Sinnen
> Bin ich von ihr entzückt"
>
> (Achim von Arnim).

Wenn in einer Ehe im körperlichen oder sexuellen Bereich etwas nicht „stimmt", das heißt nicht harmonisch, nicht beglückend ist, dann werden damit Unstimmigkeiten der Gefühle überhaupt zwischen den Ehepartnern angezeigt. Umgekehrt dagegen gilt nicht, daß da, wo sinnliche Befriedigung herrscht, auch die sonstige eheliche Gemeinschaft stimmig sein muß.

Doch — um kein Mißverständnis aufkommen zu lassen, — als Teil des Ganzen gehört die körperliche Zuneigung zur ehelichen Liebe ganz unerläßlich dazu. Den Partner riechen, ihn schmecken, ihn leiden, seine intime Nähe leiden, als angenehm erleben können, das ist nur allzu wichtig. Es kann geschehen, daß in einer Ehe krisenhaft einmal alles fraglich wird, jedes Verstehen, jede Konsonanz der Gefühle, daß alles zurückweicht in Befremdung und Fremdheit und daß — ein schmaler Isthmus — nur die körperliche Anziehung, die sexuelle Gemeinschaft noch eine Verbindung zwischen den beiden Partnern herstellt. Doch so lange dieser Isthmus nur hält, so lange ist es zumeist möglich, durch beiderseitige Bemühung dem Meer der Verfremdung wieder Boden abzugewinnen und die verlorene Gemeinsamkeit in den anderen Lebens- und Gefühlsbereichen wieder herzustellen. Das ist auch gar nicht verwunderlich. Ist doch die körperliche Liebe, das sexuelle Bedürfnis eines der stärksten biologischen Bedürfnisse des Menschen, ein Teil seiner vitalen Basis sozusagen und — wie Hunger und Durst — vom Körperlichen her unabdingbar. Wenn ein Mensch den anderen buchstäblich riechen und leiden kann, ist es daher wahrscheinlich, wenn freilich nicht gesetzmäßig, daß auch sonstige Möglichkeiten zu Konsonanz und gegenseitiger Bejahung vorhanden sind, mögen sie auch im Augenblick verschüttet oder mögen sie noch nicht entdeckt und entwickelt sein.

Liebe ist jedoch „etwas Ernsteres und Bedeutungsvolleres als das Entzücken über die Linie eines Gesichtes und die Farben einer Wange. Sie ist die Entscheidung für eine gewisse Ausprägung des Menschlichen, die sich symbolisch in den Einzelheiten des Gesichts, der Stimme, der Gebärde ankündigt" (Ortega y Gasset). Denn natürlich gehört zur Liebe die Liebeswahl, das Ergriffensein durch gerade diesen Mann oder diese Frau. Doch auch diese Ergriffenheit ist kein nur passives Geschehen, kein Überkommenwerden von Außen. Es bedarf eines aktiven Sichöffnens, einer Bereitschaft des Gefühls, sich von dem anderen ergreifen zu lassen, um hernach ergriffen zu sein.

Unter welchen Voraussetzungen nun ist der Mensch zum Lieben und damit zur Partnerschaft fähig? Die Antwort ergibt sich aus dem zuvor Gesagten: Der Mensch ist um so liebesfähiger, je selbständiger er ist. Er ist um so selbständiger, je mehr er sich von illusionären Erwartungen befreit hat.

Nur der Selbständige, der fest auf seinen beiden Beinen steht, vermag sich zu neigen, kann sich dem anderen, dem geliebten Menschen zuneigen (Margarete Seiff)[1]. Nur ein eigenständiger und zur Selbstdurchsetzung befähigter Mensch kann sich unbekümmert und ohne Angst seinen weichen Gefühlsregungen- und strömungen überlassen. Die beschwörende Versicherung „ich kann ohne dich nicht leben" verbürgt zumeist keine Liebe, sondern ist Ausdruck eines Abhängigkeitsgefühls. Nur wer sich herzhaft zu behaupten versteht, vermag herzlich zugewandt zu sein.

In Märchen und Mythen wird dem Helden häufig die Tötung eines Drachens oder ähnlichen Untiers abverlangt, ehe er die Prinzessin bekommt. Drachen und Lindwurm repräsentieren im Mythos den verschlingenden, den vereinnahmenden Aspekt der nährenden und wärmenden Mutter. Der Mann muß also die kindhafte Abhängigkeit von der Mutter in aktiver Weise auflösen, er muß sich selbständig zu versorgen und zu behaupten verstehen, bevor er sich einer Partnerin verbinden kann. Der Prinzessin aber wird abgefordert, daß sie ihren Vater verläßt und daß sie sich einem wilden oder zumindest abstoßenden Tier gesellt — einem Löwen etwa oder einem Frosch — weil sie erst hernach den Gefährten, den Prinzen, den König ihres Herzens zu erkennen vermag. Das heißt, die Frau muß sich lösen von der Illusion, daß der Mann nur ein pflegender und wärmender Vater zu sein hat. Sie muß bereit sein, den Partner mit all seinen vitalen Impulsen, die sich unter anderem im Löwen und im Frosch verkörpern, zu akzeptieren. Dazu ist sie jedoch nur in der Lage, wenn sie diese Impulse auch im eigenen Erleben bejaht. Die innere Bereitschaft zur Ehe wäre vielleicht mit den Worten zu umschreiben: „Ich kann auch ohne dich leben, aber mit dir zu leben ist schöner" (Margarete Seiff).

Wenn wir von Ehe sprechen, so haben wir die Gemeinschaft zwischen *einem* Mann und *einer* Frau im Auge — die Einehe also, die Gattengemeinschaft unserer abendländischen Kultur und nicht nur dieser. Doch gibt es neben den monogamen bis heute polygame Kulturen mit Vielweiberei und — seltener — mit Vielmännerei. Die Anthropologin Margaret Mead hat die Monogamie mit der Polygamie in ihren naturvölklichen Erscheinungsformen miteinander verglichen. Wenn in monogamer Gesellschaft — so heißt es bei ihr — der Mann sich über die Einförmigkeit beklage, immer mit derselben Frau schlafen zu müssen, so fühle er sich in polygamer Sozietät oftmals von den Ansprüchen zu vieler Frauen überfordert. Wenn andererseits die Frau in monogamer

---

[1] Seiff, M., mündliche Mitteilung.

Gesellschaft klage, daß der Mann alles von ihr und damit zu viel verlange, so sei in polygamen Sozietäten augenfällig, daß jede Ehefrau versuche, den Mann von den Mitfrauen weg in ihre Hütte zu locken und ihn bei sich zu halten.

Es sieht so aus, als ob die Tendenz zur Einehe sich allmählich überall durchsetzen werde — wie übrigens die Monogamie auch die entwicklungsgeschichtlich früheste und ursprünglichste Form der Gattengemeinschaft ist —, nicht die Polygamie und noch viel weniger die Promiskuität, die zufällig-flüchtige, bindungslose Geschlechtsgemeinschaft, von der als Ur-Promiskuität zeitweilig wissenschaftlich die Rede war. Auf der primitivsten naturvolklichen Stufe, der Stufe der Jäger und Sammler, ist es vielmehr so, daß dem jagenden Mann eine Frau beigesellt ist, die seine Lebensgefährtin ist und die Mutter seiner Kinder wird, die den Windschirm flicht als flüchtige und notdürftige Behausung für die Kleinfamilie, die das einfache Wirtschaftsgerät herstellt und die im Wald Früchte und Knollen sammelt. Auch auf der frühesten, der primitivsten Stufe findet sich also das Bedürfnis nach Dauer der Gemeinschaft zwischen Mann und Frau. In allen Kulturen wird der Ehevertrag zumeist besiegelt mit der uralten Formel der Treue: „Bis daß der Tod uns scheide . . .".

Dieses Bedürfnis nach Dauer einer Bindung ist eines der Grundbedürfnisse des Menschen. Es ist dem Menschen eigentümlich, sich in der Fülle der Möglichkeiten so etwas wie Kontinuität zu wünschen und eine geschlossene, die Zeit überspannende Gestaltung seines Lebens anzustreben — auch in der Beziehung zum anderen Geschlecht. Er ist deswegen bereit, auf die freilich auch lockende Fülle des Möglichen mehr oder weniger zu verzichten.

Aber eben in der Unaufhebbarkeit der Ehe — verwurzelt in des Menschen Bedürfnis nach Dauer — liegt auch ihre Schwierigkeit und damit ihre Aufgabe, liegt neben der Beglückung ihre Last. Eine Aufgabe, die um so größer ist, je mehr die Ehe über eine bloße Geschlechtsgemeinschaft und wirtschaftlich-soziale Interessenverbindung hinausgreift, je mehr Bereiche zwischenmenschlichen Austausches sie umfaßt.

Wie nun im Bereich unserer Kultur eine Ehe vornehmlich gestaltet werden kann, dafür lassen sich in lockerer Einteilung vier Typen aufstellen, die den vier Elementen und den ihnen entsprechenden Temperamenten des Aristoteles zugeordnet werden können — der Erde, dem Wasser, der Luft, dem Feuer bzw. dem Melancholiker, dem Phlegmatiker, dem Sanguiniker, dem Choleriker.

So gibt es die Möglichkeit, die Ehe vornehmlich als Kontrakt zu betrachten und als Interessengemeinschaft, als Basis gemeinsamen Sichausbreitens in der Welt und gemeinsamen Lebens- und Sinnengenusses — als Vertrag, wie gesagt, der Rechte und Pflichten beider Partner gegeneinander abwägt und festlegt.

Es gibt ferner eine Auffassung der Ehe, nach der vor allem anderen seelisch-gefühlshafter Kontakt erstrebt wird, ein zärtliches Aufgeschlossensein füreinander, wovon auch das eigentlich Sexuelle völlig durchtränkt wird, eine Verschmelzung der Gefühle, so vollkommen, wie sie zwischen zwei gesonderten Wesen eben möglich ist.

Des weiteren gibt es Menschen, die in der Ehe vornehmlich eine geistige Beziehung suchen, ein Gespräch, belebt durch die Spannung zwischen den Geschlechtern — Menschen, die den Wunsch haben, einander „im Geiste zu erkennen", wobei die Leidenschaft der Sinne zumeist keine so große Rolle spielt. Gemeinsame geistige Interessen und gemeinsame geistige Arbeit sind das wesentlich Verbindende in einer solchen Gemeinschaft.

Oder es wird schließlich in der Ehe eine Möglichkeit gesehen, sich aneinander zu steigern. So geartete Naturen versuchen ihre oftmals starke Leidenschaft und lebhafte Sinnlichkeit durch die Ehe in Zucht zu nehmen, sie ihrer persönlichen Weiterentwicklung dienstbar zu machen und sie dadurch gleichsam zu adeln. Die Ehe wird vornehmlich als Aufgabe betrachtet, die eigene und die Persönlichkeit des Partners zu entwickeln.

Diese Auffassungen sind zweifellos pointiert. Die Ehe ist weder nur ein Vertrag, eine Art Firma oder Kompaniegeschäft, noch ist sie lediglich ein Bund zärtlicher Gefühle. Sie ist weder nur geistiger Dialog, noch lediglich Aufgabe zu gegenseitiger Steigerung der Persönlichkeit. Sie ist vielmehr all das in einem und noch mehr. Im konkreten Fall ist sie mehr oder auch weniger.

Die Ehe ist nicht nur der sichere Hafen, als der sie zumeist angestrebt wird, sondern sie ist daneben auch offenes Meer. Sie ist der ganzen Fülle meteorologischer Erscheinungen ausgesetzt — vom Zephirhauch bis zum Orkan —, denn eben diese Breite umfaßt auch die Skala menschlicher Gefühle. Je mehr die Auseinandersetzung zweier Ehepartner sich auf diese Skala in ihrer ganzen Breite erstreckt, um so lebendiger wird ihre Ehe sein.

Auseinandersetzungen zwischen Eheleuten können freilich auch unfruchtbar sein. Sie werden zumeist in der Weise unfruchtbar, daß bei Unstimmigkeiten und Krisen entweder der eine von vornherein die Schuld an aller Mißhelligkeit dem anderen in die Schuhe schiebt, oder daß er in passiver Selbstbeschuldigung an die eigene Brust schlägt, versichernd, daß alles ganz allein seine Schuld sei, ohne indessen aktiv etwas zu ändern.

Der Mystiker Meister Ekkehart weiß zu unterscheiden zwischen zeitlicher und göttlicher Reue, zwischen einer hinabzerrenden Selbstverzweiflung, die „im Elend steckenbleibt" und „woraus nichts wird" und einer anderen, die zu Befreiung und Wandlung führt. In Passivität verharrende Selbstzerknirschung einerseits und produktive Selbstbesinnung andererseits! Was produktive Selbstbesinnung bedeutet, sei an einem Beispiel erläutert:

Ein Ehemann sagt beim Nachhausekommen seiner Frau niemals ein freundliches Begrüßungswort. Er murmelt nur etwas Unverständliches oder geht gar grußlos an ihr vorbei. Seine Frau hält das für eine schlechte Angewohnheit, die mit ein wenig gutem Willen leicht abzustellen sei. Der Ehemann versucht das auch — jedoch vergeblich. Er ist beim Nachhausekommen seiner Frau gegenüber jeweils von penetranten Unlustgefühlen, von einer Stimmung mürrischer Abwehr erfüllt, derer er sich nicht zu erwehren weiß. Freundlichkeit wäre nur gespielt, wäre eine Farce.

Bei näherer Betrachtung der Situation dieses Mannes ergibt sich folgendes: Er gehört zu jenen Ehemännern und Familienvätern, die sich dauernd übermäßig an Frau und Kinder verausgaben. Nicht nur, daß er am Monatsersten sein Gehalt auf Heller und Pfennig seiner Frau überläßt, sogar ohne für sich ein Taschengeld zu reservieren — auch bei Anschaffung von Kleidungsstücken und dergleichen, bei der Bestimmung von Ausflugs- und Ferienzielen stehen Frau und Kinder immer an erster Stelle. Er erfüllt seiner Frau bereitwillig jede, aber auch jede Bitte. Er kann nicht nein sagen und erwartet — illusionärerweise — daß die Frau aus vernünftiger Einsicht durch Verzicht und Beschränkung seiner Verausgabung Grenzen setzt, ihm das Nein, zu dem er selbst nicht fähig ist, erspart, es ihm sozusagen abnimmt. Eine Erwartung, die ihm jedoch nicht klar, sondern nur schattenhaft bewußt ist. Die Frau, viel zu angetan von der gutmütigen Hergabebereitschaft ihres Partners, ist weit davon entfernt, sich solcherweise ins eigene Fleisch zu schneiden. Beim Mann aber entsteht auf Grund der enttäuschten Erwartung und als Reaktion darauf Ärger gegen seine Frau. Aus dieser Verärgerung heraus spart der „erschöpfte" Ehemann nunmehr im Gefühlsbereich, spart er an freundlichen Worten und Gesten — zum Beispiel auch bei der Begrüßung.

Was kann bei solcher Sachlage der gute Wille wohl ausrichten? Nur die Einsicht in die bestehenden Zusammenhänge und Verknüpfungen der Gefühle, in die illusionären Erwartungen und in die sogenannten unbewußten Motivationen seines Verhaltens könnte den Ehemann allmählich dahin führen, daß er seine Verausgabung der Familie gegenüber wie auch sonst beschränkt, daß er lernt, nein zu sagen, wenn ihm danach zumute ist. Auf diese Weise wird er nach und nach seine Frau nicht mehr als Faß ohne Boden erleben, das er zu füllen hat, und sich selbst nicht mehr als Suppenhuhn, das von der Frau erst gerupft und dann ausgenommen wird. Er wird seiner Frau offener entgegenkommen können.

II. DAS BESITZSTREBEN DES MENSCHEN

1. Übersicht über das Besitzerleben

Besitz kann bestehen in:

> Geld, Sachgütern, Zeit, Kraft, Interesse, Aufmerksamkeit, Wissen, Kenntnissen, Gefühlen u. a. m.

A. Das Bedürfnis, in Besitz zu nehmen (haben wollen):

> Sich öffnen, aufnehmen, kriegen, genießen, bitten, nehmen, zupacken, be-greifen, fordern, verlangen, sich bemächtigen, sich einverleiben.

Extremformen: Habgier und scheeler Neid —
> Überbescheidenheit und Resignation.

Positive Formen: Optimismus, Unternehmungslust, Genußfähigkeit.

B. Das Bedürfnis, mit Besitz umzugehen:

I. Das Bedürfnis, Besitz zu behalten (nicht hergeben wollen):

> Sich verschließen, Nein sagen, nicht verlieren wollen, festhalten, zurückhalten, ansammeln, bewahren, speichern, konservieren.

Extremformen: Geiz — Verschwendungssucht.

Positive Formen: Sparsamkeit, Ökonomie.

II. Das Bedürfnis, Besitz herzugeben (hergeben wollen):

> Sich öffnen, hingeben, mit-teilen, teilen, spenden, schenken.

Extremformen: Verschwendungssucht — Geiz.

Positive Formen: Großzügigkeit.

2. Entfaltung, Ausfächerung und Störungen des Besitzerlebens

Der Mensch ist ein begehrendes Lebewesen. In der biblischen Genesis wird dem Menschen vom schöpferisch-tätigen Gott gleichsam die ganze Erde angeboten. „Machet sie euch untertan", heißt es. „Herrschet über die Fische im Meer und über die Vögel unter dem Himmel und über alles Getier, das auf Erden kriecht . . . . Ich habe euch gegeben allerlei Kraut, das sich besamt auf der ganzen Erde, und allerlei fruchtbare Bäume, die sich besamen zu eurer Speise". Stillt getrost euer Begehren, greift zu, nehmt – so heißt es in der Genesis eines Volkes, das vor 3000 Jahren das höchstentwickelte Sittengesetz dieses Planeten besaß.

Genau wie in der Genesis der Menschheit steht auch in der Genese des Einzelmenschen am Anfang das Begehren, und zwar lokalisiert es sich zunächst ganz vornehmlich in der Mund- und Lippenzone. Der Säugling giert nicht nur danach, die spendende Mutterbrust oder einen adäquaten Ersatz dafür in den Mund zu nehmen und sich daran festzusaugen, ja, mit den noch unbezahnten Kiefern sich daran festzubeißen, er trachtet vielmehr danach, schlechthin jedes ihm erreichbare Ding – sei es eine Klapper, ein Bettzipfel oder den eigenen Daumen – in den Mund zu nehmen, es auf diese Weise zu vereinnahmen.

Neben dem Mund spielen die Hände als Funktionsträger des Begehrens von Anfang an eine wichtige Rolle. Das Kind greift nach allem, was in die Reichweite seiner Hände gelangt. Im ursprünglichsten Wortsinn be-greift es die Welt und versucht, sie an sich heranzuholen und sie sich buchstäblich einzuverleiben. Mit zunehmendem Wachstum des Kindes kommt es mehr und mehr zu einer Differenzierung und Ausfächerung des an Mund und Hände gebundenen Ur-begehrens. Be-greifen und Einverleiben werden zunehmend mehr auch auf andere sich langsam entwickelnde Funktionen übertragen. Wenn Hände und Arme zugreifen und umfassen wollen, so will die Nase ein-atmen, wollen die Augen sich sättigen und „trinken, was die Wimper hält, von dem gold'nen Überfluß der Welt", möchten die Ohren sich in begieriger Empfänglichkeit öffnen und tritt schließlich der Intellekt als etwas Welthungriges hinzu, um wissens-durstig auf Kenntnis-Erwerb auszugehen.

„Machet euch die Erde untertan!" Das in seinem Begehren, in seinem Besitzstreben nicht oder wenig gestörte Kind entfaltet zunehmend einen ungeheuren Welthunger, einen Appetit, den zu stillen alle aufnehmenden Organe einschließlich des Intellekts sich mehr und mehr üben. Dieser Welthunger – Hunger auf Welt im weitesten Sinne –

ist so dringend, so lebensnotwendig, daß ein Kind — so wurde es beobachtet — u. U. sogar auf die Befriedigung des Nahrungshungers im engeren Sinne verzichtet, wenn ihm jenes Be-greifen der Welt verwehrt wird. Es kann geschehen, daß Säuglinge — besonders sensible Säuglinge — die Nahrungsaufnahme verweigern, wenn ihnen von den Pflegepersonen die Welt vorenthalten wird, d. h. wenn sie nicht regelmäßig, etwa auf dem Arm der Mutter, die Umwelt, ihre kleine Welt eindruckshungrig erfassen und in sich aufnehmen können. Solche Kinder würden im Extremfall buchstäblich verhungern, wenn man sie nicht auch mit „Welt" nährte, wenn man ihrem Begehren, die Welt zu be-greifen, nicht genügend Rechnung trüge.

Der menschliche Säugling ist ein hilfloser Nestflüchter (A. Portmann[1]), zwar hilflos, d. h. auf Pflege und Hilfe absolut angewiesen, aber doch auch nest-flüchtend, welt-offen, auf die Welt hin sich entwerfend, zur Welt hinstrebend, um sich diese zu eigen zu machen.

Der Mensch, seiner Eigenart nach ein der Natur verhaftetes Kulturwesen, das sich einerseits „an die Welt mit klammernden Organen hält", um sich andererseits „zu den Gefilden hoher Ahnen zu heben" (Goethe), kann erst durch die Besitznahme der äußeren Welt sich eine Innenwelt schaffen, aus der heraus es ihm möglich ist, Kultur zu erhalten und weiterzuentwickeln. „Haben" — so heißt es bei Nietzsche — „haben und mehr haben wollen, Wachstum mit einem Wort — das ist das Leben selber".

Es geht dabei im Grunde immer wieder um dasselbe Bedürfnis, um denselben Antrieb, um das Ur-begehren, das sich breit ausfächert und vom biologischen Hunger und Durst bis hin zu dem geistigen Verlangen nach Erkennen und Verstehen, nach Begreifen reicht und das sich im ethischen Bereich als Lebensbejahung, als Lebensfreude und Weltfrömmigkeit ausprägt.

Franziscus von Assisi sah in der fehlenden Lebensfreude, in der Melancholie die Sünde schlechthin. Tatsächlich resultiert ein melancholisches Lebensgefühl oder, medizinisch ausgedrückt, eine Depression, im Extremfall von schwerstem Krankheitswert, wenn ein Mensch in seiner Begehrlichkeit, in seinem Habenwollen, seinem Besitzstreben als Kind erheblich eingeengt und zusammengedrückt wurde.

Es stellt sich die Frage, auf welche Weise das kindliche Begehren eingeschränkt wird. Die störenden Faktoren können sehr vielfältig sein. Wir begnügen uns mit einer kurzen Skizzierung:

---

[1] Portmann, A., Zoologie und das neue Bild des Menschen, Hamburg, Rowohlt, 1956.

Wenn eine Mutter — die Gründe mögen verschieden sein — einem Kind gegenüber ablehnend oder zwiespältig eingestellt ist, wenn sie dem Kind nicht genügend Milch gibt oder es zu lange auf die einzelne Mahlzeit warten läßt, wenn sie beim Stillen oder bei der Flaschenfütterung lieblos, hart, ungeduldig ist, wenn die Entwöhnung von der Brust zu abrupt erfolgt, dann wird das Erleben des Kindes dadurch enorm beeindruckt, um so mehr, als es sich in diesem frühen Alter in einem Zustand größter Plastizität und Beeindruckbarkeit befindet. Es erlebt die Mutterbrust bzw. die Mutter in ihrer ernährenden Funktion, die für das Kind zunächst die Welt schlechthin bedeutet, als karg und dürftig. Es erlebt die Erde gleichsam wie vor dem ersten Schöpfungstag, als „wüst und leer", und erfährt dadurch eine bleibende Prägung seines Lebensgefühls.

Eindrucksvoller jedoch als die Erlebnisse des Kindes speziell beim Akt des Genährtwerdens ist die Gesamtatmosphäre des Elternhauses, der das Kind — in dieser frühen Entwicklungsphase gleichsam weich und prägsam wie Wachs — allseitig ausgesetzt ist. Wenn in dieser Atmosphäre auf „unmittelbares expansives Begehren etwas Zurückweisendes stößt, statt eines Entgegenkommenden — dann entwickelt das Kind Furcht statt Vertrauen, Gehemmtheit statt gesunder Entfaltung. Es entsteht eine Bereitschaft, aufkeimendes, kaptatives (zugreifendes) Streben bei geringstem Widerstand abzubrechen, Begehrenswertem gegenüber sogar ohne Streben stumpf und teilnahmslos zu verharren" (H. Schultz-Hencke)[1].

Wenn die Eltern etwa bewußt oder unbewußt von Idealen wie Bescheidenheit, Genügsamkeit, Verzichtbereitschaft, ja Askese erfüllt sind, dann bestimmen diese Ideale den Lebenszuschnitt des Elternhauses, bestimmen, wie die Eltern miteinander und wie sie mit dem Kinde umgehen. Das Kind erfährt früh: Jene Ideale und ein von ihnen diktiertes Verhalten finden bei den Eltern Bestätigung und sind daher wertvoll, während ein entgegengesetztes Verhalten als habgierig gilt, auf heftige oder eisige oder irritierte oder auch traurig-kopfschüttelnde Ablehnung stößt und daher als wertlos zu gelten hat. Die Erfüllung dieser Ideale wird zur Liebesbedingung, die ein Kind in seiner Hilflosigkeit akzeptieren muß. Sie wird zur Basis der Bewältigungsweise, mit der das Kind sich der Welt hinfort zuwendet.

Das Kind, das aus seiner Abhängigkeit heraus auf die Liebe der Eltern keinesfalls verzichten kann, „verzichtet" daher in einem solchen Elternhaus notgedrungen auf seine Besitzwünsche. Es darf diese

---

[1] Schultz-Hencke, G., Der gehemmte Mensch, Leipzig 1940.

Wünsche nicht zulassen und allmählich lernen, sie vernünftig zu zügeln und zu steuern, es muß sie vielmehr bereits im Augenblick ihres Entstehens durch Überzügelung und Übersteuerung mehr oder weniger abdrosseln. Es erlebt nicht die Freude und die Lust, sich aktiv erobernd und zupackend der Welt zuzuwenden, ja, es erlebt die Welt nicht einmal als lockend und zum Zugreifen auffordernd. Es fühlt sich niemals freundlich aufgerufen, sich die Erde untertan zu machen, sich seine Scheibe vom großen Kuchen Welt abzuschneiden.

Nein, die Lust und den Genuß am Zugreifen lernt dieses Kind nie, es lernt vielmehr, da der Mensch nun einmal so oder so genießen will, das andere zu genießen: Die Genügsamkeit, den Verzicht, die Askese. Es verbindet damit — angeleitet durch die Eltern — die Vorstellung höherer Werte, formt sich daraus eigene Ideale und fühlt sich selbst durch deren Erfüllung möglicherweise gehoben und vor den anderen ausgezeichnet.

Selbstverständlich gibt es auch eine eingeborene, gleichsam echte Bescheidenheit und Genügsamkeit. Selbstverständlich gibt es den echten, d. h. freiwilligen Verzicht, der nicht aus inneren Schwierigkeiten, aus innerer Not eine Tugend macht, sondern der eben das eine läßt, weil etwas anderes wichtiger, höherwertig erscheint. Selbstverständlich gehört die Fähigkeit zum Verzicht zu jedem ausgereiften Erleben dazu, bedarf jeder expansive Impuls einer Steuerung.

Bei dem zuvor erwähnten unechten Verzicht und der unechten Genügsamkeit handelt es sich jedoch um Abwehrmechanismen, deren Aufgabe es ist, andrängendes angsterregendes Antriebserleben am Boden zu halten. Ein solcher Mensch erlebt nicht: Es wäre schön, jetzt zuzugreifen, aber aus ganz bestimmten Gründen ist es für mich jetzt und hier wichtiger zu verzichten. Er erlebt vielmehr: Es ist nicht der Mühe wert — oder: Wie grobgewöhnlich, sich darauf zu stürzen — oder: „Was ist die Welt? Das, worin Vergehen waltet" (Buddha Samyutta-Nikaya), d. h. er ist zutiefst davon überzeugt, daß eine Besitznahme der Welt durch Wünschen, Bitten, Fragen, Zupacken, Begreifen schlecht, sündig und verdammenswert oder unmoralisch und unwürdig oder gewöhnlich, unedel und sinnlos, daß es, wie auch immer, verwerfenswert ist.

Zwar setzen sich stets Reste des ursprünglichen Bedürfnisses dennoch durch — davon war zuvor schon die Rede. In welchem Ausmaß und in welcher Form diese Dennoch-Durchsetzung erfolgt, hängt von dem Ausmaß des Druckes ab, den die elterliche Atmosphäre auf das Erleben des Kindes in diesem Bereich ausübte, und hängt davon ab, ob das Kind in bestimmten ausgesparten Bereichen des Besitzverlangens Bestätigung erlebte. „Es wird dann z. B. in seinem Lese- und Wissenshunger, in Sammelneigungen bestätigt oder es werden bestimmte Erwartungen geradezu gezüchtet" (W. Schwidder)[1].

Wenn es gelänge, das Besitzstreben in einem Kind wirklich völlig zu unterdrücken, dann wäre es nicht mehr existenzfähig. Ohne Reste dieses Impulserlebens vermag niemand zu leben. Doch gibt es tatsächlich so hohe Grade der Gehemmtheiten in diesem Bereich, daß der Mensch – so wie es bei gewissen Formen der Magersucht geschieht – aus seelischen Gründen buchstäblich verhungert.

Es war vom Menschen als einem begehrenden, „hab-gierigen" Lebewesen die Rede. Was hätte dieses begehrende Wesen aber gewonnen, wenn es zwar zugreifen, erfassen, aber das Erlangte nicht bewahren, nicht behalten könnte? Zweifellos, der Mensch will sich die Welt nicht nur aneignen, er will sie auch festhalten – für länger, für immer – er will halten, be-halten.

Schon der Säugling will den einmal ergriffenen Finger, die Klapper oder was es sonst sei, nicht loslassen. Er will nicht, daß die Mutter fortgeht, nein, er will es nicht. Sie gehört ihm, er will sie nicht lassen. Wird der ergriffene Gegenstand mit Gewalt entzogen, untersteht sich die Mutter, dennoch fortzugehen, wird der Protest mehr oder weniger laut hinausgebrüllt: Was mein ist, soll mein bleiben! So kämpft schon der Menschensäugling in seiner Winzigkeit um das Seine, um Mutter, Klapper, Gummipuppe und vor allem auch um alles, was zum eigenen Körper, zur eigenen Substanz gehört – u. a. auch um den eigenen Kot.

Auch dieses Urbedürfnis fächert sich aus, vom Biologisch-vitalen bis hin zum Ethisch-sittlichen. Im biologisch-vitalen Bereich repräsentiert es sich als Selbsterhaltungstrieb: Jedes Leben will zunächst sich selbst bewahren und erhalten. Im Bereich materiellen Besitzes äußert es sich in den verschiedenen Formen des Sammeltriebes. Ins Geistige transponiert, erscheint es als Strebung, die sogenannten Güter des objektiven Geistes und der Kultur zu konservieren und zu pflegen. Dieses Bedürfnis drückt sich sprachlich unmittelbar aus in Worten wie Konservatorium, als Bezeichnung einer Pflegestätte für die Tonkunst, oder wie Konservator, als Bezeichnung eines Mannes, der sich der Pflege überkommener Baudenkmäler widmet. Museen und Bibliotheken sind Sammelstätten des Geistes, Institutionen zur Bewahrung kulturellen Besitzes. Die Universitäten dienen der Pflege des Geistigen in seiner ganzen Breite. Im ethisch-sittlichen Bereich schließlich erscheint das Bewahren-Wollen als Treue – als Treue zu sich selbst und seiner

---

[1] Schwidder, W., im Handbuch der Neurosenlehre und Psychotherapie, München und Berlin.

Eigen-art, als Treue zu einem anderen Menschen, zu einer Menschengruppe, zu allem, was einem wertvoll ist.

Zugreifen allein tut es nicht. Erst wer das Ergriffene wahrt und behält, wird es wirklich besitzen. „Ebenso groß ist die Tugend, etwas wohl zu behalten, wie es zu gewinnen" (Chaucer). Laß dir also nichts nehmen! Zumindest: „Wenn sie aus deinem Korbe naschen, behalte noch etwas in den Taschen", so sagt Goethe, der durch Haltefest im Faust verkünden läßt: „Zwar Nehmen ist recht gut, doch besser ist's Behalten".

Auch das Erleben in diesem Bereich kann früh entscheidend gestört werden. Bestimmend und in starkem Maße prägend für das menschliche Erleben in diesem Antriebsbereich ist das Verhalten der frühkindlichen Beziehungspersonen zu eben diesen Antrieben.

Wir sprachen davon, daß der Säugling, daß das Kleinkind danach trachtet, alles, was sein ist, zu bewahren, vornehmlich seine eigene Substanz, wozu auch das Ausscheidungsprodukt des Darmes gehört. Die ersten ernsthaften Auseinandersetzungen des Kindes zwischen Hergeben-Sollen und Bewahren-Wollen beginnen in der Phase der Sauberkeitsgewöhnung. Wie die Art des Stillens oder der Fütterung prägend wirkt auf das Erleben des Begehrens, so wirkt die Art der Sauberkeitsgewöhnung prägend auf das kindliche Erleben des Behaltens, Bewahrens einerseits und des Hergebens, des Schenkens andererseits. Vom Schenken und Mitteilen soll hernach die Rede sein.

Beeinträchtigungen des kindlichen Strebens nach Behalten, Bewahren, Festhalten am Eigenen können auf verschiedene Weise bewirkt werden: Eine übertrieben auf Sauberkeit und Reinlichkeit bedachte Mutter wird ihre Forderung auf regelmäßiges Hergeben des Darmproduktes möglicherweise zu früh erheben, vor Ablauf des ersten Lebensjahres des Kindes. Anatomische Untersuchungen (von Stieve) haben jedoch ergeben, daß die Funktion der willkürlichen Beherrschung des Afterschließmuskels erst nach dem Abschluß des ersten Lebensjahres ausgereift ist, daß also die Natur selbst durch solch vorzeitiges Ansinnen von seiten der Mutter überfordert wird. Oder eine in ihrer Wesensart ungeduldige Mutter dringt darauf, den „Kursus" der Sauberkeitsgewöhnung, den das Kind durchlaufen soll, über Gebühr abzukürzen und schon im Ablauf von Wochen anstatt von Monaten das Kind auf Sauberkeit quasi zu dressieren. Was im vorerwähnten Fall zu früh erfolgte, geschieht jetzt zu hastig, zu drängend; oder aber eine hartgeartete Mutter versucht mit Härte, ja Anwendung von Züchtigung die Herausgabe des Kotes zu erzwingen. In jedem Fall erfolgt die Sauberkeitsgewöhnung nicht in einer dem Kinde angepaßten Form, sondern wird — ob sie nun zu früh, zu schnell oder zu hart durchgeführt wird — zu einer das Kind vergewaltigenden Dressur. Dabei wird vornehmlich die Tendenz des Kindes zu behalten, nein zu sagen, etwas zu verweigern eingeengt und gebrochen.

Wenn ein Kind von seiner Mutter ungeduldig und hart zur Darmentleerung gedrängt wird und wenn die Mutter nach erfolgter Prozedur eilig und mit Naserümpfen das Töpfchen fortträgt, dann erlebt sich das Kind einerseits als Erzeuger von abscheulichem Dreck und Gestank und erlebt sich andererseits als Objekt mütterlicher Plünderung. Im positiven Fall kann die Stuhlentleerung dagegen zu einem Akt gemütlicher „Zusammenarbeit" werden, dann, wenn die Mutter geduldig und liebevoll genug ist, um warten zu können und auch für eine Weigerung des Kindes Verständnis zu haben. Solch eine „Zusammenarbeit" wird dem Kind die Möglichkeit eröffnen, der Mutter mit seinem Kot quasi ein Geschenk zu machen, also auch in dieser Weise mit dem eigenen Produkt umgehen zu lernen.

Die Sauberkeitsgewöhnung kann sich vollziehen in einer Atmosphäre, wie Eduard Mörike sie in einem seiner Märchen geschildert hat, im Märchen von „der schönen Lau", aus dem „Blautopf" bei Blaubeuren, der Wasserfrau, von ihrem Mann verbannt, weil sie nur tote Kinder hatte und dies, weil sie, ohne besondere Ursache, stets traurig war. Die Schwiegermutter hatte ihr geweissagt, sie möge eher nicht eines lebenden Kindes genesen, als bis sie fünfmal von Herzen gelacht hätte. Bevor die Lau — so heißt es bei Mörike — von ihrer Menschenfreundin, einer freundlichen Wirtsfrau, Abschied nahm — „bevor sie aber Abschied nahm, geschah's, daß sie hinter den Vorhang des Alkovens schaute, woselbst der jungen Frau und ihres Mannes Bett, sowie der Kinder Schlafstätte war. Saß da ein Enkelein, mit rotgeschlafenen Wangen, hemdig und einen Apfel in der Hand, auf einem runden Stühlchen von guter Ulmer Hafnerarbeit, grün verglaset. Das wollte dem Gast außermaßen gefallen; sie nannte es einen viel zierlichen Sitz, rümpft' aber die Nase miteins, und da die drei Frauen sich wandten zu lachen, bemerkte sie etwas und fing auch hell zu lachen an, und hielt sich die ehrliche Wirtsfrau den Bauch, indem sie sprach: Diesmal fürwahr hat es gegolten und Gott schenk' Euch so einen frischen Buben, als mein Hans da ist!"

Unter anderem entscheidet die Phase der Sauberkeitsgewöhnung darüber, wie der Mensch hernach die Sozietät erlebt, zu der er gehört — als eine Institution, in der vornehmlich Forderungen gestellt werden im Sinne von Zwang und unerbittlicher Verpflichtung, oder als eine Institution, in der es vor allem auf Gemeinsamkeit ankommt.

Auch in bezug auf dieses Antriebserleben ist die Gesamtatmosphäre des Elternhauses letztlich prägender als das Verhalten der Mutter bei der Sauberkeitsgewöhnung. Letzteres ist nur gleichsam repräsentativ für die Einstellung der Eltern zum Behalten und Hergeben, ebenso wie Stillakt und Fütterung repräsentativ waren für die Einstellung der Eltern zum Begehren, zum Habenwollen.

Die Eltern, die sich im Übermaß den Idealen der Gebe- und Hilfsbereitschaft und den Verpflichtungen zu Leistung und Gehorsam unterstellen, werden in irgendeiner Weise, vielleicht nicht einmal bewußt, diese Ideale auf das Kind übertragen, sein Erleben dadurch prägen und sein Verhalten festlegen und in ein Schema pressen. Das Kind wird in einem Alter, da es zunächst erfahren müßte, „eigensüchtig" behalten zu dürfen, zu bereitwilligem Hergeben angehalten. Es wird genötigt, brüderlich zu teilen, noch ehe es überhaupt gelernt hat, zu behalten. Für solch ein Kind, das alles Eigene sogleich wieder hergeben muß, kann sich gar kein rechtes Besitz-gefühl, keine Besitzfarbe entwickeln. Es hat nie erfahren, etwas in Ruhe zu be-sitzen, im Gegensatz zum kleinen Hans in Mörikes Erzählung, der auf seinem grün verglasten Ulmer Töpfchen über seinem Eigentum vorerst einmal voller Behagen saß.

Auch in diesen Fällen muß das Kind sich den Forderungen und Liebesbedingungen der Eltern fügen. Um der Liebe der Eltern willen verzichtet es auf seine Impulse, Eigenes behalten, bewahren, verweigern, verteidigen zu wollen. Es wird in der Folge auch nicht die Fähigkeit entwickeln können, seinen Besitz zu pflegen. Nur wenn ein Kind Besitz behalten darf, lernt es auch, mit diesem Besitz umzugehen, ihn zu pflegen, ihn zu konservieren, ihn eventuell auch zu verschenken. Doch davon im weiteren.

Wenn ein Kind nicht primär genießen, d. h. sich nicht lustvoll-unbefangen und, mit zunehmendem Alter, zugleich vernünftig steuernd seinen eigenen originären Antrieben überlassen darf, dann wird es sekundär etwas Abgeleitetes genießen — im Fall der zuvor geschilderten Umwelteinflüsse etwa die falschen Ideale von übermäßiger Opfer-Hergabe- und Hilfsbereitschaft — falsch deshalb, weil sie verstümmelten vitalen Impulsen aufgepfropft wurden.

Doch auch in diesen Fällen gilt, daß Lebendiges nicht schlechthin zum Verschwinden zu bringen ist, daß es sich vielmehr in irgendeiner Form dennoch durchsetzt, abhängig von dem Ausmaß der Unterdrückung bzw. von einem Verhalten der Eltern, das den kindlichen

Impulsen gegenüber in Teilbereichen — z. B. im Sinne von Sparsamkeit — bestätigend ist.

Der Mensch ist ein begehrendes Wesen. Damit nicht genug, ist er darauf bedacht, was sein ist zu behalten, zu wahren, zu konservieren, zu pflegen. Doch auch das genügt ihm noch nicht. Er möchte das, was ihm gehört, auch teilen, er möchte davon mit-teilen, er möchte schenken. Das Bedürfnis zu schenken ist offenbar genauso ursprünglich wie die Bedürfnisse, zuzugreifen und zu behalten.

Schon das Kleinkind möchte schenken — spontan, unaufgefordert: Das Kind hat zum Beispiel etwas erlebt, etwas Erregendes, Großartiges. Die Mutter war nicht dabei. Es kommt hereingestürzt, übersprudelnd, es will das Erlebnis mit-teilen, damit die Mutter daran teil-habe, damit es zum gemeinsamen Besitz werde, da geteilte Freude doppelte Freude ist. Oder eine kleine Faust wird geöffnet und darin liegt ein Kiesel, ein Schneckenhaus, ein klebriger Himbeerbonbon, ein Geschenk jedenfalls, eine ernstgemeinte und ernstzunehmende Gabe.

Freilich kann man nur schenken, wenn man etwas hat. Nur ein Schelm gibt mehr als er hat. „Wer alles gleich gewährt aus Gunst, der Herr kennt nicht des Schenkens Kunst", er übt „falsche Freigebigkeit" nach Walther v. d. Vogelweide. Bei Goethe ist zu finden: „Wenn ich alles habe, was mich freut, will ich gern allen anderen geben". Das heißt: Unbefangen-lustvoll kann ein Mensch nur dann schenken, wenn er ebenso unbefangen sowohl zugreifen wie auch verweigern und festhalten kann.

Auch dieses Bedürfnis, das Bedürfnis herzugeben, zu schenken, fächert sich breit aus durch alle Lebensbereiche hindurch. Neues Leben, ein neuer Menschenkeim entsteht durch einen Akt des Schenkens — buchstäblich des Sich-Verschenkens. Im Zeugungsakt wird mit Samenzelle und Ei eigene Substanz verschenkt, und die Entwicklung des Embryos ist nur möglich, weil durch die Nabelschnur ihm ständig mütterliche Substanz zuströmt. Die Zell-teilung ist ein Grundprinzip des Lebendigen überhaupt. Entstehung, Entwicklung und Erhaltung des Lebens wäre nicht möglich, wenn nicht das Grundelement des Lebendigen, die Zelle, ständig bereit wäre zur Teilung. In den Bereichen der Kultur nimmt die Mit-teilung einen breiten Raum ein. Eine wissenschaftliche Entdeckung bekommt erst dadurch ihren vollen Wert, daß sie den Fachgenossen mit-geteilt wird, auf daß diese kritisch und fördernd daran teil-haben und sie aus-werten. Das Wort Tradition entstammt dem Verbum tradere mit der Bedeutung übergeben, überliefern. Ohne Tradition, ohne Überlieferung, d. h. ohne das Bedürfnis, das Überkommene und das Hinzuerworbene weiterzugeben an die kommende Generation, gäbe es keine Kultur. Im ethisch-sittlichen Bereich schließlich prägt das Bedürfnis zu schenken und zu geben sich in den Idealen der Opferbereitschaft, der Brüderlichkeit aus — wesentlichen Idealen der abendländischen Kultur.

Es ist zu fragen, wie es im Bereich dieses Antriebserlebens zu Störungen kommt, wie man sich die Atmosphäre eines Elternhauses vorzustellen hat, das dem Kinde die Freiheit zu schenken nimmt, das seine Tendenz, sich zu öffnen und zu erschließen, verkümmern läßt.

Bei der Erörterung der Sauberkeitsgewöhnung wurde bereits geschildert, daß es ein Unterschied ist, ob das kleine Kind seinen Kot herausgeben muß oder ihn schenken darf, wobei der Kot repräsentativ ist für alles Innere, das sich nach außen bewegt als ein E-movens, repräsentativ also für alles, was Emotion genannt wird. Dabei liegt der Akzent darauf, daß das Kind schenken *darf*. Wenn man ein Kind auf Hergabebereitschaft quasi dressiert, wird es zwar auch schenken, sogar reichlich — jedoch nicht aus originärem Bedürfnis, sondern aus Angst, weil es erfahren hat, daß es nur als ein ständig hergabebereites Wesen bestätigt und geliebt wird.

Aber auch im Bereich dieses Antriebserlebens ist das Verhalten der Mutter bei der Sauberkeitserziehung nur repräsentativ für eine Gesamtatmosphäre, der die eigentlich nachhaltigen und wirkungsvollen Einflüsse auf die Gestaltung des kindlichen Erlebens zuzuschreiben sind. Denn die Ideale, Normen und inneren Einstellungen der Eltern, die bewußten wie die teilbewußten und die kaum bewußten, drücken sich in tausendfältiger Weise dem Kind gegenüber aus, nicht nur im Wort, sondern auch in Haltung, Gestik und Mimik.

Sind die Eltern auf Grund eigener Gehemmtheit im Bereich des Nehmens und des Behaltens besonders stark von Verlustängsten erfüllt und aus diesen Verlustängsten heraus besonders auf Sparsamkeit, auf Horten und Hamstern bedacht, sind sie vielleicht sogar ausgesprochen geizig und anderen gegenüber infolgedessen verschlossen, zurückhaltend und wenig oder gar nicht zum Schenken bereit, da ja doch, so heißt es vielleicht außerdem, Undank der Welt Lohn ist, dann prägen diese Einstellungen natürlich auch das Erleben des Kindes. Es entwickelt sich in dem kleinen Wesen die Vorstellung, daß jeder im Leben alleinsteht und ausschließlich auf sich selbst angewiesen ist. Es entwickeln sich möglicherweise Tendenzen zu einer ausgesprochenen Autarkie und „splendid isolation" und ein Verhalten, diktiert von dem Motto: Sehe jeder, wo er bleibe.

Das Schenken, die Hergabebereitschaft, gilt in unserer Kultur als eine so unbestrittene Tugend, daß sie im allgemeinen kaum direkt unter Druck gesetzt, d. h. ausdrücklich verboten wird. Dieses Bedürfnis bleibt vielmehr deswegen unterentwickelt, weil die beiden anderen Kategorien des Besitzerlebens, das Nehmen und das Behalten, mehr oder weniger gestört wurden.

III. EHELEUTE UNTER SICH: SZENEN MIT KOMMENTAR

1. Verzerrungen und Entstellungen des Fragens und Bittens

Simssee. (Erste Szene)

Sonntags beim Mittagessen. Er und sie sprechen über die Autofahrt, die sie sich für den Nachmittag vorgenommen haben.

Er: Bei dem märchenhaften Wetter würde ich am liebsten an den Starnberger See fahren. Rudern, Schwimmen . . . Was hältst du davon?

Sie: (überlegend) Rudern und schwimmen möchte ich auch. (Dann eifrig) Aber laß uns doch lieber an den Simssee fahren. Der ist so verträumt, und es sind viel weniger Leute dort. Ich mag heute keinen Trubel.

Er: Na gut, Simssee — meinetwegen.

Sie fahren los. Unterwegs.

Sie: (betont beiläufig) Du, gerade fällt mir ein: Wir könnten bei der Gelegenheit doch gut bei Petra in Rosenheim vorbeifahren. Ich habe sie einiges zu fragen und möchte mir auch ein Strickmuster bei ihr ausleihen.

Er: (auffahrend) Verflixt nochmal! Das hättest du doch gleich sagen können. Darum also der Simssee. Immer dieses Hintenherum. Laß das gefälligst!

Simssee. (Zweite Szene)

. . . .
. . . .

Er: Bei dem märchenhaften Wetter würde ich am liebsten an den Starnberger See fahren. Rudern, Schwimmen . . . Was hältst du davon?

Sie: Ich möchte auch gern rudern und schwimmen, aber lieber am Simssee. Der ist viel verträumter. Und außerdem, wir kommen dann durch Rosenheim und ich könnte einiges mit Petra besprechen; daran liegt mir sehr.

Er: Na meinetwegen. Aber wir wollen uns nicht länger als eine halbe Stunde bei Petra aufhalten. Dazu ist das Wetter zu schön.

Sie: Mehr brauche ich auch nicht.

Das Aktenpaket.

Morgens. Er verläßt eilig das Haus, um zum Dienst zu gehen, und ruft ihr im letzten Augenblick zu:

Er: Daß ich es nicht vergesse! Auf meinem Schreibtisch liegt ein Aktenpaket. Sei so gut und reiche es bei Hellwigs rein. Ich hatte ihm das Zeug für heute versprochen. Er wartet darauf.

Auf dem Treppenabsatz den Hut schwenkend:
Wiedersehen, Schatz.

Als sie später auf seinem Schreibtisch Staub wischt, denkt sie etwa folgendes:

Rudolf ist doch ein Biest. Jetzt hat er mir schon wieder diese Akten aufgehängt. Und ich kann damit laufen, ob es mir nun paßt oder nicht. Wie ein Dienstbote . . . „Tu dies, tu das" heißt es, und weg ist er, ehe ich dazu gekommen bin, den Mund aufzumachen. Und ich Schaf lasse mir das gefallen. Aber warte, Freundchen, das wird jetzt anders.

Lisa. (Erste Szene)

Es ist 20^{00} Uhr — kurz nach dem Abendessen. Er hat sich am Schreibtisch vor einer aufgeschlagenen Akte niedergelassen und schneidet sich eine Zigarre ab.

Sie: (setzt sich auf die Schreibtischkante und schlägt sich mit einem Lineal in schneller Folge heftig auf den Handteller) Ich habe mich heute wieder mal furchtbar über Lisa (die Hausgehilfin) geärgert.

Er: (während er seine Zigarre anzündet, zerstreut) So?

Sie: Ja, ich sagte ihr, daß wir am Freitagabend Gäste haben und daß sie dann bitte zur Verfügung stehen soll. Natürlich sagte ich gleich dazu, daß sie dafür in der kommenden Woche einen zusätzlichen freien Nachmittag bekommt. Du, die Reaktion hättest du erleben sollen. Das ging wie ein Wasserfall. Keine Möglichkeit mehr für mich, zu Wort zu kommen. Recht auf Feierabend, 40-Stunden-Woche. Das schlug sie mir regelrecht um die Ohren. Und dann habe sie eine Freundin, sagte sie, die sei bei Direktor Meyer, und die habe ein Zimmer mit Bad und Radio und natürlich eine Putz- und Waschfrau zur Unterstützung. Stell' dir das bitte vor! Ja, und eine andere Freundin, die arbeitet in der Schokoladenfabrik, und deren Lohn im Vergleich zu dem ihrigen ... Na also, es wäre eine reine Gefälligkeit, wenn sie bei mir bliebe. Und ihre Abende, die brauche sie für sich. Ich weiß nicht, was ich machen soll. Ich bin ganz verzweifelt. (Haut mit dem Lineal dabei kräftig auf die Tischplatte.)

Er: (blättert mit ärgerlichem Gesicht in der Akte und bläst den Zigarrenrauch in dicken Wolken von sich) Ach, laß' mich bloß mit diesem Kram in Ruhe. *Deine* Sorgen möchte ich haben. Ich habe mich im Geschäft täglich mit 24 Leuten herumzuschlagen, und du wirst mit *einer* Person nicht fertig.

Sie: (wirft das Lineal wütend auf seine Akte und rutscht vom Schreibtisch herunter) Ich hätte mir ja denken können, daß du mir nicht hilfst. Für deine Betriebssorgen soll ich immer ein offenes Ohr haben. Aber mit meinem Haushalt, der schließlich auch eine Art Betrieb ist, soll ich allein fertig werden. Ich muß schon sagen ... (Geht hinaus und knallt die Tür hinter sich zu.)

Lisa. (Zweite Szene)

Es ist 20⁰⁰ Uhr — kurz nach dem Abendessen. Er steht an einem Tischchen mit Rauchwaren und schneidet sich eine Zigarre ab.

Sie: Du, ich muß dich dringend was fragen. Hast du jetzt Zeit?

Er: (zündet sich eine Zigarre an) Worum geht's denn?

Sie: Um Lisa! Ich hatte heute eine sehr ärgerliche Auseinandersetzung mit ihr und weiß nicht recht, wie ich mich jetzt verhalten soll.

Er: (guckt überlegend auf die Uhr) Acht Uhr ... Um neun muß ich zu Merkel ... Bis dahin hätt' ich Zeit.

Sie: Sehr schön. Wir gehen am besten zu mir rüber, damit hier abgeräumt werden kann.

Die Rochade.

Er und sie abends im Wohnzimmer. Er war am Vorabend bei einem seiner Freunde eingeladen gewesen.

Er: Ein Abend mit Franke ist doch immer sehr lohnend. Ein merkwürdiger Mann, dieser Karl Franke. Ich kenne niemanden, der sein Licht so unter den Scheffel stellt. Er — wie nennt man das doch beim Theater — ?

Sie: Meinst du unterspielen?

Er: Ja richtig, er unterspielt immer. Gestern kamen wir unter anderem aufs Schach. Fabelhaft, wie er auch da Bescheid weiß. Mir sind gestern wirklich ein paar Lichter darüber aufgegangen, wie man eine Partie behandelt. (Zieht an seiner Zigarre) Ich hatte zum Beispiel bislang nicht gewußt, daß es ein Unterschied ist, ob man auf der langen oder auf der kurzen Rochade angreift.

Sie: Das muß man natürlich beachten. Klar!

Er: Mir war das nicht klar. Ich habe mich beim Angriffsspiel, das mir an sich ja sehr liegt, nie um den Unterschied zwischen Damen- und Königsflügel gekümmert. Auch so etwas wie Kampf auf dem „anderen Flügel", das Prinzip des Umgehungskampfes, war mir nicht mal ein Begriff.

Sie: (mit hochgezogenen Augenbrauen) Tatsächlich?

Er: Ich weiß es auch nicht, warum ich so wenig auf Strategie gesehen habe. Ich habe eben immer nur nach taktischen Gesichtspunkten und auf Materialgewinn gespielt und nicht positionell. Übrigens — woher weißt *du* da so genau Bescheid?

Sie: Durch meinen Vater natürlich. Der ist doch ein blendender Schachspieler. Wußtest du das nicht? Ich bin sozusagen unter Schachfiguren aufgewachsen. Die Rochade ist eine positionelle Angelegenheit. Das hat mein Vater immer schon gesagt.

Er: (mißtrauisch) Die Rochade ist eine positionelle Angelegenheit... Mir kommt ein ungeheurer Verdacht: Weißt du überhaupt, was eine Rochade ist?

Sie: Darüber braucht man doch kein Wort zu verlieren. Rochade — dabei geht es um Positionen. Die Rochade ist etwas Positionelles.

Er: Was heißt das schon? Sag' mir jetzt, bitte, genau: Was ist eine Rochade, und wieviele gibt es?

Sie: Rochade kommt von Rochieren. Das weiß doch jedes Kind.

Er: Wieviele Rochaden es gibt, möchte ich gerne von dir wissen!

Sie: Na, verschiedene.

Er: Verschiedene! Wenn ich so etwas schon höre. Es gibt eine lange und eine kurze, und sonst?

Sie: Na ja, das sind die wichtigsten. Und dann gibt es noch Abwandlungen davon.

Er: Vielleicht lang—kurz kombiniert? Das ist ja verheerend. Du redest hier klug und hast keine Ahnung von der Sache.

Sie: Beschimpf' mich gefälligst nicht. Du schneidest einfach irgendwelche Themen an, wie es dir gerade paßt. Ob ich auch was davon verstehe — das ist dir egal.

Er: Herrgott nochmal! Du hättest doch fragen können, anstatt so zu tun, als ob.

Sie: Ach, fragen — man kommt sich ja ganz blöd' vor, wenn man nach allem fragen soll, was man nicht weiß. Ich habe nun mal nicht studiert wie du. Ich hab' sowieso oft den Eindruck, daß ich dir nicht gebildet genug bin. Sag' es doch gleich!

Er: Was hat denn das mit Bildung zu tun? Kein Mensch kann überall Bescheid wissen. Du traust dich nur nicht zu fragen. Das ist das ganze.

Kommentare

Mögen sich die vorangegangenen Gespräche zwischen Eheleuten um so verschiedene Gegebenheiten drehen wie einen See, ein Aktenpaket, das Verhalten einer Hausgehilfin oder um den Doppelzug im Schachspiel — sie fördern doch an seelischer Dynamik immer wieder dasselbe zutage: V e r z e r r u n g e n , E n t s t e l l u n g e n der Fähigkeit, zu fragen und zu bitten.

Es scheint so einfach zu sein, an den anderen eine Bitte zu richten, ihn etwas zu fragen, sich von ihm etwas zu wünschen. Und doch kann dieser einfache Vorgang durch innere affektive Widerstände (etwa durch Furcht vor Ablehnung, durch Furcht, sich zu demütigen, durch Furcht vor Blamage) ungeheuer erschwert werden. Was vom ursprünglichen Impuls — dem Wunsch, den anderen etwas zu fragen oder um etwas zu bitten — diese Widerstände dennoch passiert, ist so deformiert und entstellt, daß der Partner verständlicherweise verstimmt ist oder auch verärgert, zumindest aber verdutzt. Im Einzelfall sieht das folgendermaßen aus:

Simssee.

Erste Szene: Die von Ihr gezeigte Haltung findet sich häufiger bei Frauen als bei Männern, wenn sie auch nicht gerade geschlechtsspezifisch ist. Es handelt sich um ein Bitten und Wünschen unter falschem Vorwand — eng benachbart der Vorspiegelung falscher Tatsachen — um ein Täuschungsmanöver also.

Selbst wenn es stimmen sollte, daß sie dem stilleren und verträumten See den Vorzug geben möchte, so wäre es doch gescheiter, dem Ehepartner auch den daneben oder dahinter steckenden Grund für das von ihr gewünschte Ausflugsziel zu nennen — den Besuch bei der Freundin. Bei nachträglicher Erwähnung muß er das fatale Gefühl bekommen, hintergangen worden zu sein. Manche Menschen entwickeln aus Furcht vor der Ablehnung eines Wunsches geradezu ein System des Bittens unter falschem Vorwand und sind dabei noch der Überzeugung, besonders klug, raffiniert, diplomatisch vorzugehen. Dabei ist es ein heilloses Prinzip, das den anderen verärgert und die zwischenmenschliche Atmosphäre trübt. Denn wer läßt sich schon gern übers Ohr hauen?

Die Partnerin der zweiten Szene legt ihre Karten offen auf den Tisch. Und der Ehemann kann ebenso offen Stellung nehmen.

Das Aktenpaket.

Solch' überfallartiges Bitten, besonders wenn es gewohnheitsmäßig geübt wird, verärgert den Gebetenen meistens erheblich. Überfallartiges Bitten ist ein willkürliches Verfahren, das den andern nicht berücksichtigt, das seine Freiheit zu Ja oder Nein nicht einbezieht. Hinter dieser besonders forschen Art der Wunschäußerung steht zumeist die Unfähigkeit, wirklich unbefangen zu bitten und eine eventuelle Ablehnung ertragen zu können.

Lisa.

Erste Szene: Die Hausfrau begeht den Fehler, ihm mit ihren Sorgen überfallartig zu kommen, ohne sich vorher zu vergewissern, ob er zu den von ihr gewünschten Erörterungen jetzt gerade willens und fähig ist. Er hingegen irrt sich, wenn er nur seine beruflichen Sorgen für wichtig hält und ihre Hauswirtschaft als Bagatelle abtut. Denn immerhin wird durch ihre hausfrauliche Fürsorge seine berufliche Arbeit, wenn nicht ermöglicht, so doch wesentlich erleichtert.

Im zweiten Fall drängt sie dem Partner die von ihr gewünschte Diskussion ihrer Sorgen nicht gewaltsam auf, sondern überläßt es ihm, einen Zeitpunkt dafür auszuwählen. Und er ist ihren Sorgen gegenüber aufgeschlossen und wertet sie nicht geringer als die Probleme seines beruflichen Wirkungskreises.

Die Rochade.

Die Ehefrau getraute sich nicht, zu fragen, und so kam es zu Ärger und Streit. Sie mochte nicht fragen aus Furcht, Furcht, sich zu blamieren und vielleicht ungebildet zu erscheinen.

Bildung ist ein Werden, ist ein Prozeß, und wird unter anderem gefördert und vorangetrieben durch Neugier oder Neu-Begierde und durch Wissensdurst, eine Gier und einen Durst, die nur durch Fragen befriedigt werden können. Die Fähigkeit zum Fragen jedoch ist ihrerseits nur eine Variante der umfassenderen Befähigung, unbefangen bitten, verlangen, zugreifen — kurz — sich seine Scheibe von der Welt abschneiden zu können. Die Unfähigkeit, zu fragen, muß umgekehrt den Bildungsprozeß geradezu blockieren. Wer aus Furcht, ungebildet zu erscheinen, nicht fragt, verstopft sich damit eine Bildungsquelle und fixiert sein „Ungebildet-Sein".

Und die Folgen der Fragehemmung im zwischenmenschlichen Bereich? Auch ein Gespräch wird durch solche Gehemmtheit auf die Dauer blockiert und gelähmt, wie unser Beispiel zeigt. Natürlich kann man nicht alle Interessen des Partners teilen, und natürlich wird man nur dort seine Bildung durch Fragen vertiefen, wo man selbst Neugier und Anteilnahme verspürt. Die Furcht, sich durch Fragen zu blamieren, führt also immer dazu, daß man sich selbst um einen Zuwachs an Kenntnis und den anderen und sich selbst um ein richtiges Gespräch betrügt.

2. Illusionäre Erwartungshaltungen

Der Wecktopf. (Erste Szene)

Im Sommer. Beim Mittagessen.

Sie: (leicht klagend) Ich muß heute Nachmittag Kirschen einmachen. Der Wecktopf, das schwere Monstrum, steht im Keller; und mir sind die Arme mal wieder wie abgeschlagen. Dieser Rheumatismus bringt mich noch um!

Er: (etwas unwirsch) Das heißt, ich soll dir den Topf heraufholen.

Sie: (guckt an ihm vorbei) Wenn du es nicht gern tust, dann laß' es! Lieber schuft' ich mich zu Tode.

Der Wecktopf. (Zweite Szene)

Im Sommer beim Mittagessen. Man ist beim Nachtisch — frischen Glaskirschen.

Sie: Sind die Kirschen nicht herrlich? Ich will heute Nachmittag 30 Pfund davon einwecken.

(Wendet sich an ihren Mann) Übrigens, daß ich es nicht vergesse: Hol' mir doch bitte den Wecktopf aus dem Keller, eh du gehst. Das Biest ist mir zu schwer. Du weißt, meine Schulter . . .

Er: (füllt sich den Teller nochmals mit Kirschen) Mach' ich!

Endlich wieder beisammen

Am Abend. Er kam gerade von der Berufsarbeit nach Hause. Essenszeit ist erst eine Stunde später. Er läßt sich nach flüchtiger Begrüßung in einen Sessel fallen und verschanzt sich hinter der Tageszeitung. Für sie hat er kein Auge. Sie läuft — offensichtlich erregt — ein paarmal im Zimmer auf und ab. Schließlich:

Sie: Sag' mal, ist das alles, was du mir zu bieten hast, und soll das immer so weitergehen?

Er: (kurz über seine Zeitung hinwegblickend) Wieso? Ich versteh' dich nicht.

Sie: So, du verstehst mich nicht. Dann hör' mal zu! Den ganzen Tag bin ich allein. Den ganzen Tag warte ich auf dich und freue mich auf dein Kommen. Und wenn du dann endlich da bist, siehst du mich kaum an und verschwindest hinter deiner Zeitung — ohne das geringste Verständnis für mich.

Er: (hat die Zeitung auf seine Knie gelegt und sich aufgesetzt) Ach, kein Verständnis, sagst du. Und wo bleibt *dein* Verständnis für *mich*? Den ganzen Tag bin *ich* nicht allein. Den ganzen Tag setze ich mich mit allen möglichen Leuten auseinander — Vorgesetzten, Kollegen, Untergebenen. Und ich freue mich dabei auf das Nachhausekommen, auf eine ruhige Stunde. Freue mich, mal *nicht* reden und reagieren zu müssen.

Sie: (im Hinausgehen, indigniert) Unsere Standpunkte sind offenbar nicht zu vereinen.

Amusisch wie ein Büffel

Er und sie sitzen abends am Kamin ihres neuen Hauses. Sie rauchen und unterhalten sich. Sie war anfangs etwas einsilbig, ihr Gesichtsausdruck halb nachdenklich, halb verstimmt. Endlich:

Sie: Ich war heute Nachmittag bei Christa. Stephan war auch da. Er hat noch Ferien.

Er: So? War's nett?

Sie: Nett ist gar kein Ausdruck. Erst tranken wir Tee. Und dann wurde musiziert. Was aus Christas Stimme geworden ist — fabelhaft. Und Stephan ist ja geradezu ein idealer Begleiter. Sie sang übrigens auch aus dem Marien-Leben — vertont von Hindemith. Gott, ist das schön!

Er: Marien-Leben? Hindemith? Kenn' ich nicht.

Sie: Das Marien-Leben von Rilke, Vertonung von Paul Hindemith. Der ist schon beinahe klassisch. Dir natürlich unbekannt! Oje! Rolf, was bist du nur für ein Banause! Amusisch wie ein Büffel ...

Er: Das mag schon sein. In meiner Entwicklung war für so was kein Platz. Du weißt ja, wie das ging. Ich mußte schon mit 14 Jahren Geld verdienen. Bei euch war das anders.

Sie: Nun ja, das ist mir schließlich nichts Neues. Aber weil du für sowas keinen Sinn hast, komme ich zu kurz. Wenn ich daran denke, daß Christa und ich damals zu gleicher Zeit anfingen bei Gümmer mit Gesangstunden — und wenn ich denke, wo *sie* heute steht, und wo *ich*. Aber dich hat meine Stimme ja nie interessiert, und sie hatte Stephan. Für dich gab es immer nur den Betrieb, die Jagd, den Klub. Und damit hat sich's.

Er: Herr Stephan ist Studienrat, nicht wahr? Dessen Lebensweise kannst du mit meiner nicht vergleichen. Ganz abgesehen davon, daß wir auch sonst grundverschieden sind. Ich brauche die Jagd und den Klub. Und daneben bleibt wenig Zeit, leider. Außerdem sehe ich nicht ein, wieso du *mich* nötig hast, um deine Gesangstudien fortzusetzen und mit deinen Freunden zu musizieren ...

Sieben rosa Nelken.

Er — Prokurist in einer Eisenwarenhandlung, deren Inhaberin eine Frau ist — sitzt morgens mit seiner Frau am Frühstückstisch und wirft vor dem Fortgehen noch schnell einen Blick in die Zeitung.

Er: Himmel, heute ist schon der siebzehnte. Da hat die Chefin ja morgen Geburtstag. Du, Lotte, hast du heute in der Stadt zu tun?

Sie: Ja, ich habe einiges zu erledigen.

Er: Dann besorg' mir doch was für die Alte. Blumen, natürlich Blumen. Na, du weißt ja Bescheid. (Wirft einen Blick auf die Uhr) Was, schon zehn vor acht? Jetzt aber dalli. (Steht auf. Beim Verlassen des Zimmers) Tschüß, Lotte, Vergiß die Blumen nicht!

Sie: Ich denke dran! Wiedersehen, Dieter.

Am Abend. Er ist gerade nach Hause gekommen. Sie ist in der Küche beschäftigt. Die Küchentür steht offen.

Er: Hast du die Blumen für die Chefin besorgt?

Sie: Sicher! Ich hab' sie kühlgestellt — im Schlafzimmer — damit sie frisch bleiben.

Er: Was hast du denn genommen?

Sie: Sieben rosa Nelken. Sieh' sie dir mal an!

Er: (auffahrend) Rosa Nelken? Das ist doch unmöglich. Und dann nur sieben? (Rast ins Schlafzimmer, um die Blumen in Augenschein zu nehmen) Unmöglich, völlig unmöglich!

Sie: (kommt ihm nach) Wieso unmöglich? Warum regst du dich denn so auf?

Er: (empört) Na ja, nur sieben Stengel! Das ist doch zuwenig. Es hätten mindestens zwölf sein müssen. Und ausgerechnet rosa!! Die Frau ist doch kein Backfisch und ich nicht ihr Tanzstundenkavalier. Gelb wäre richtiger gewesen. Und dann natürlich Rosen oder so was. Und, wie gesagt, mindestens zwölf. Aber auf dich ist eben kein Verlaß. (Reißt ärgerlich an seinem Hemdkragen)

Sie: (energisch) Hör' mal zu, mein Guter. Du hast mich beauftragt, Blumen zu besorgen, lediglich Blumen. Kein Wort hast du gesagt von gelben Rosen und von zwölf. Wie soll ich denn da Bescheid wissen?

Er: Herrgott, wozu hast du denn deinen Verstand? Du hättest dir doch denken können, daß ich für die Chefin bei einem offiziellen Anlaß was Repräsentatives brauche — also Rosen. Und dann keine so verfängliche Farbe wie rosa oder rot, sondern was Unverbindliches, also gelb. Na ja, und natürlich einen richtigen großen Strauß, damit das Ganze auch nach was aussieht. Die Frau ist schließlich mein Brötchengeber.

Sie: Da überschätzt du mich einfach. Ich kann doch nicht riechen, was du für angebracht hältst. Außerdem habe ich von so einem Geburtstagsstrauß andere Vorstellungen als du. Nach meiner Meinung genügen sieben Nelken vollkommen. Die Uhde ist so vernünftig. Die erwartet gar nicht mehr. Wir sind ja auch keine Rockefellers. Und rosa; rosa ist viel freundlicher als gelb. Die Uhde freut sich bestimmt darüber. Bei rosa denkt sich niemand was. Rot — das wäre was anderes.

Er: Was soll ich mich mit dir streiten. Du verstehst eben nichts von diesen Dingen. Du hast einfach kein Fingerspitzengefühl. Es hilft nichts: ich muß mich in Zukunft um alles selbst kümmern.

Sie: (wütend) Ich bin sehr dafür, daß du dir deinen Kram künftig alleine besorgst. Immer diese Meckerei hinterher. Ich hab's allmählich satt.

Kommentare

In jedem der vorangegangenen Gespräche hat einer der Partner Wünsche an den anderen, Wünsche, die im Zustand schwebender Erwartung bleiben.

Es ist dem Betreffenden in keinem Falle möglich, seinen Wunsch in kristallisierter Form, d. h. als ausdrückliche Bitte und genau formuliertes Anliegen an den anderen heranzutragen. Er vermag ihn allenfalls als mehr oder weniger verhüllten Anspruch, als larvierte Forderung, die häufig vorwurfsvoll getönt ist, zum Ausdruck bringen. Die von diesen Menschen erhoffte Befriedigung liegt häufig nicht einmal in der inhaltlichen Erfüllung des Wunsches, sondern in der Tatsache, daß der andere diesen zu erraten weiß. Die gesamte Wunschwelt solcher Menschen ist zu einer illusionären Erwartungshaltung geronnen. Diese Erwartungshaltung kann praktisch das ganze Verhalten dem Partner gegenüber bestimmen und kann für beide zu einer starken Ärgerquelle werden.

Im konkreten Fall spielt sich dabei folgendes ab:

Der Wecktopf.

In der ersten Szene drückt die Ehefrau in leicht klagendem Ton eine Erwartung aus —, daß er ihr nämlich helfen möge. Sie bringt es nicht fertig, ihn einfach um die von ihr gewünschte Hilfeleistung zu bitten. „Wenn ich ihn schon extra bitten muß, wenn er nicht von selbst sieht, daß ich seiner Hilfe bedarf, dann helfe ich mir eben selbst, und wenn ich mich dabei kaputt mache" — so oder ähnlich ist ihre Einstellung. Diese Frau ist gehemmt im Bereich des Fragens, Wünschens und Bittens.

Infolge dieser Gehemmtheit glaubt sie nur dann auf Erfüllung eines Wunsches rechnen zu dürfen, wenn sie statt des Wunsches die dazu berechtigenden Umstände vorträgt. In tiefster Seele ist sie nicht davon überzeugt, daß eine einfache Bitte Erfüllung findet. Jede Bitte muß daher durch eine irgendwie begründete, durch eine ins Auge springende und geradezu beklagenswerte Bedürftigkeit untermauert werden. Durch ihre Klagen erinnert sie den Partner an ihre opferreichen Leistungen und verwandelt dadurch einen Wunsch in einen Anspruch, der nicht einmal offen, sondern seinerseits wieder verkleidet ist.

Die Ehefrau der zweiten Szene hat so viel Vertrauen zu sich und ihrem Partner, daß sie eine Bitte zu äußern vermag, ohne durch Klagen irgendwelcher Art die Berechtigung dazu nachgewiesen zu haben. Solch' vertrauensvolles, unverkleidetes Bitten wird fast immer ein offenes Ohr beim Partner finden, jedenfalls viel eher, als wenn ihm, wie in der ersten Szene, versteckt beigebracht wird, daß er zur Wunscherfüllung eigentlich geradezu verpflichtet sei. Solch' eine verkrustete Bitte, verkrustet nämlich zu vorwurfsvollem Anspruch, wird natürlicherweise mehr ärgerliche Abwehr als freundliche Bereitschaft auslösen.

Endlich wieder beisammen.

Beide Partner des Dialoges sind von stillschweigenden Erwartungsvorstellungen beherrscht. Sie, die tagsüber allein war, erwartet, daß er sich abends nach Abschluß seiner Berufsarbeit „endlich" um sie kümmert. Er erwartet nicht minder selbstverständlich, in „wohlverdienter Ruhe" gelassen zu werden. Beide Erwartungen schlagen sich gleichsam gegenseitig ins Gesicht. Erbitterte Enttäuschung, hie wie da, ist das Ergebnis. Es ist eben illusionär zu erwarten: Der andere *muß* doch meine Bedürfnisse erraten.

Amusisch wie ein Büffel.

Von einem Falken kann man keinen Lerchengesang erwarten. Viele Frauen wünschen sich Männer, die sich beruflich durchsetzen und wirtschaftlichen Erfolg auf ihre Seite zu bringen verstehen und die darüber hinaus auch noch die feiner verästelten, die sogenannten „höheren" Bedürfnisse zu pflegen wissen. Wenn einer Frau daran liegt, auch auf solchen Gebieten mit dem Partner Gemeinschaft zu haben, so muß sie sein Interesse dafür locken und seine Fähigkeiten dazu entwickeln. Das kann auch bei fehlender Vorbildung des Mannes durchaus gelingen. Scheut sie diese Anstrengung oder ist er unansprechbar — wer hindert sie, sich einen Kreis zu suchen, in dem sie zu ihrem geistigen oder musischen „Recht" kommt? Um so eher wird sie ihm dann seine vielleicht derberen Steckenpferde gönnen.

Auf jeden Fall ist sie selbst „schuld", wenn sie ihre Interessen nur deshalb nicht pflegt, weil er sie nicht mit ihr teilt. Es ist eine Illusion, von einem Menschen schlechthin alles zu erwarten und in jeder Regung von ihm verstanden und ergänzt sein zu wollen.

Sieben rosa Nelken.

Es geht in dieser Szene um eine weitere Variante der schon mehrfach dargestellten und erörterten sogenannten illusionären Erwartungen. Es geht ferner um die Enttäuschung, die eine Fehlerwartung unweigerlich nach sich zieht, und um die Vorwürfe, die ebenso unweigerlich wiederum Folge der Enttäuschung sind.

Der Ehemann dieser Szene erwartet von der Partnerin, daß sie seine vage ausgedrückten Wünsche in allen Einzelheiten errät, und setzt bei ihr damit nichts geringeres voraus als die Fähigkeit, seine Gedanken zu lesen.

Er unterließ es, ihr zu sagen, wie er sich das Blumengeschenk vorstellte, um dessen Besorgung er sie bat. Er verließ sich vielmehr auf die Partnerin, wie das Kleinkind — zu seiner Zeit mit Recht — sich auf die Mutter und deren Fähigkeiten verließ, seine kindlichen Wünsche mehr oder weniger zu erraten. Er kommt sich von einer Partnerin, die seine Wünsche nicht verstand, genauso „verlassen" vor, wie ein Kind sich von einer nicht-verstehenden Mutter verlassen fühlt. Die erlittene Enttäuschung ist somit bitter, und ebenso bitter sind auch die Vorwürfe, gegenüber der von ihm in gleicher Weise als „unverständig" und als „verständnislos" empfundenen Ehefrau.

In dem Verhalten des Mannes steckt also ein Überbleibsel aus der Kleinkindzeit. In einem bestimmten Antriebsbereich, im Bereich des Habenwollens, des Besitzergreifens, kam es zu einer Entwicklungshemmung. Die Fähigkeit, die eigenen Wünsche voll zu erleben, sie in allen Einzelheiten zu erkennen und sie präzise auszudrücken, wurde nicht ausreichend entfaltet.

Die Unselbständigkeit des Ehemannes in dieser Hinsicht zeigt sich auch darin, daß er in der Wahl der Blumen sich eng an die Konvention gebunden fühlt und die größere Lockerheit der Partnerin einfach nicht verstehen kann. Statt sein Geschenk so zu gestalten, wie es der Art seiner Verbundenheit mit der Empfängerin entspricht, statt die Blumen

also zum Ausdruck seiner Gefühle zu machen, hält er sich an eine
beengte, starr-konventionelle Vorstellung davon, was „man" in solchem
Falle tut, und ist empört, wenn die Partnerin von dieser Vorstellung
abweicht.

3. Anspruchs- und Vorwurfshaltungen

Das Herzpulver. (Erste Szene)

Das Ehepaar sitzt abends nach dem Abendbrot mit einigen Gästen
zusammen. Sie ist Rekonvaleszentin nach einer längeren Erkrankung
und muß laut ärztlicher Verordnung nach regelmäßig Herzmittel ein-
nehmen. Außerdem wurde ihr geboten, Anstrengungen möglichst ein-
zuschränken — auch das Treppensteigen zu den im 1. Stock ihres Hauses
gelegenen Schlafzimmern.

Sie: (leichthin und dabei weiterhin ihrem Gesprächspartner, einem
der Gäste, zugewandt) Rudolf, ich habe kein Pulver mehr unten.

Er: (steht auf mit dem Ausdruck eines leichten Mißbehagens und holt
ihr das Medikament.)

Das Herzpulver. (Zweite Szene)

. . . .
. . . .

Sie: (zu dem Gast, mit dem sie sich gerade unterhält) Entschuldigen
Sie mich bitte einen Augenblick. (Tritt an den Sessel heran, in dem
ihr Mann sitzt, beugt sich über seine Schulter und sagt) Würdest
du mir bitte ein Herzpulver von oben holen?

Er: (nickt) Gewiß — (steht auf und geht nach oben.)

Am Mantel fehlt ein Knopf. (Erste Szene)

Nach dem Frühstück.

Er: (kommt im Mantel ins Zimmer, bereit zum Fortgehen) An meinem
Mantel ist ein Knopf abgerissen. Das war am Montag. Heute ist
Samstag. Die ganze Woche bin ich ohne Knopf zum Dienst gegan-
gen. Es ist schon ein Skandal.

Sie: Woher soll ich denn wissen, daß dir ein Knopf fehlt? Du hättest
es mir ja schließlich sagen können.

Er: Sagen, sagen, sagen! Wenn man alles erst sagen muß! Der Mantel hat immer in der Diele gehangen, wenn ich zu Hause war. Du hättest ja auch einmal nachschauen können.

Sie: Es tut mir leid. Aber komm' schon. Ich näh' ihn dir fix an.

Er: Dazu ist es jetzt zu spät. Ich muß zum Dienst. Sollen die im Büro nur sehen, was für eine Schlamperei bei mir zu Hause herrscht.

Am Mantel fehlt ein Knopf. (Zweite Szene)

Beim Abendbrot.

Er: Du, mir ist heute ein Knopf vom Mantel abgerissen. Er steckt in der Tasche. Würdest du ihn bitte annähen?

Sie:. Wird gemacht.

Am übernächsten Tag beim Abendbrot.

Er: Du, am Montag habe ich dir gesagt, daß mir ein Mantelknopf abgerissen ist. Heute ist Mittwoch, und der Knopf fehlt immer noch.

Sie: Entschuldige bitte, ich hab' es vergessen.

Er: Ich stell' dir ein Ultimatum, mein Schatz. Entweder ist der Knopf bis morgen früh angenäht oder . . .

Sie: Oder? . . .

Er: Oder ich verhau' dir deine hübsche Kehrseite.

Sie: (lachend) Das sind ja furchtbare Drohungen. Ich werde heute Abend meine ganze Aufmerksamkeit diesem Knopf widmen.

Alles ihm zuliebe. (Erste Szene)

9⁰⁰ Uhr abends. Er und sie im Wohnzimmer. Er sitzt am Schreibtisch und arbeitet. Sie sitzt unweit von ihm in einem Sessel und liest. Keiner spricht ein Wort; denn er möchte nicht gestört werden. Als der Abend fortschreitet, gähnt sie ein paarmal, blickt mehrmals verstohlen zu ihm hinüber, steht schließlich auf — es ist inzwischen ¹/₂ 12 Uhr geworden.

Sie: Du, ich möchte ins Bett gehen. Ich bin schrecklich müde.

Er: (ohne aufzublicken, ärgerlich) Was, du gehst schon ins Bett? Es ist doch erst halb zwölf. Aber so ist es: Ich arbeite und meine Frau geht schlafen.

Sie: Wozu brauchst du mich denn auch, und was nützt es dir, wenn ich hier herumsitze. Du sprichst ja doch kein Wort mit mir.

Er: Ach, das verstehst du nicht. Jedenfalls finde ich, du könntest noch eine Stunde aufbleiben. Dann bin ich mit meinem heutigen Pensum fertig.

Sie: (resignierend) Na ja, dann bleibe ich halt noch — dir zuliebe. (Setzt sich wieder in ihren Sessel und blättert verloren in ihrem Buch.)

Er: (wendet sich befriedigt wieder seiner Arbeit zu.)

Alles ihm zuliebe. (Zweite Szene)

9⁰⁰ Uhr abends. Er und sie im Wohnzimmer. Er sitzt am Schreibtisch und arbeitet. Sie sitzt unweit von ihm im Sessel und liest. Gelegentlich liest er ihr ein paar Sätze aus seinem Referat zur Begutachtung vor. Ab und zu fragt sie ihn etwas, was sich aus ihrer Lektüre ergibt. Schließlich, um $^1/_2$12 Uhr — steht sie auf.

Sie: Ich möchte ins Bett gehen, du. Ich bin zum Umfallen müde.

Er: Ooch, bleib doch noch ein bißchen!

Sie: (lächelt ihm zu) Sei mir nicht böse! Heute Abend kann ich einfach nicht aufbleiben. Ich würde hier im Sessel einschlafen.

Er: Dann mußt du dich natürlich hinlegen. Nacht, mein Herz.

Der Cognac. (Erste Szene)

Am Abend im Wohnzimmer. Sie sitzt im Sessel und strickt einen Pullover. Er sitzt am Schreibtisch, der voller Papiere liegt, und beschäftigt sich mit der Steuererklärung. Zwischendurch verschwindet er, kommt mit einer frisch entkorkten Cognacflasche zurück, nimmt sich ein Glas aus dem Schrank, stellt Flasche und Glas zwischen seine Papiere auf den Schreibtisch und kippt schnell nacheinander zwei Cognacs hinunter, wonach jedesmal ein Grunzlaut des Behagens ertönt. Sie sitzt schweigend, während die Nadeln etwas schneller und heftiger in die Maschen gestochen werden und die Unterlippe mit den oberen Frontzähnen bearbeitet wird. Schließlich nach ein paar nadelspitzen Blicken auf Gatten und Cognacflasche.

Sie: Mir brauchst du natürlich keinen Cognac anzubieten. Ich bin ja auch nur eine Frau, oder besser, nur deine Frau.

Er: Herrjeh, das kann man doch mal vergessen, noch dazu bei einer so diffizilen Arbeit. Schließlich kannst du ja auch den Mund aufmachen. (Schenkt sein Glas erneut voll und reicht es ihr.) Bitte!

Sie: (schiebt seine Hand zurück) Jetzt mag ich ihn nicht mehr.

Er: (ärgerlich) Na, dann eben nicht. Verflucht nochmal! (Trinkt das Glas selbst aus.)

Der Cognac. (Zweite Szene)

. . . .

. . . stellt Flasche und Glas zwischen seine Papiere auf den Schreibtisch und kippt schnell nacheinander zwei Cognacs hinunter, wonach jedesmal ein Grunzlaut des Behagens ertönt.

Sie: (nachdem sie belustigt seinen Cognac-Konsum beobachtet hat) Ich mache zwar keine Steuererklärung. Aber ich stricke einen Pullover für meinen Göttergatten und bin somit ebenfalls für das Wohl der Familie beschäftigt. Aus diesem Grunde beantrage ich für mich auch einen Cognac — oder besser zwei.

Er: Entschuldige, du. Diese blöde Steuer. (Reicht ihr sein frisch gefülltes Glas.) Zum Wohl!

Sie: Prost!

Make Money! (Erste Szene)

Im Januar. Er und sie sitzen über der Monatsabrechnung. Vor ihnen aufgeschlagen liegen Haushalts- und Kontobücher. Sie überlegen, was sie sich im nächsten Monat anschaffen können.

Sie: (seufzend) Es bleiben wieder nur 120 Mark für Anschaffungen. Nein, nicht mal . . . Wir müssen ja auch für den Urlaub was zurücklegen. Oder wir müssen auf die Urlaubsreise verzichten, damit wir uns in diesem Jahr endlich einen Kühlschrank kaufen können. Ich hab' es einfach satt, im Sommer jedes Stückchen Butter und jede Scheibe Wurst in den Keller zu tragen, weil hier oben alles verdirbt. Ach, Wilhelm, wir führen ein richtiges Armeleute-Dasein.

Er: Na, hör' mal, das finde ich ein bißchen übertrieben. Wieviel Leute können schon so leben wie wir?!

Sie: Sehr bequem, sich nach denen zu orientieren, die noch schlechter dran sind. Es gibt aber auch genug andere, denen es viel besser geht als uns. Ich brauche nur an Jutta zu denken. Die hat uns übrigens eingeladen; sie will uns die Filme von ihrer Ägyptenreise zeigen. Sie sind über Rom zurückgekommen, und sie hat sich bei

Emilio Schubert für den Frühling eingekleidet. Kleider, Wilhelm, feenhaft, sag' ich dir. Ich dagegen in meinen Konfektionsfähnchen . . .

Er: Mir bist du in einem Waschkleid lieber als Jutta in einem römischen Modell. Jutta, diese müde Mondäne . . .

Sie: Du mußt ja so reden, weil du eben nicht in der Lage bist, mir Modellkleider zu kaufen — wie Helmut sie für Jutta kaufen kann. Deine Genügsamkeit regt mich allmählich auf. Warum gehst du eigentlich nicht zur Industrie? Da hättest du die bessere Chancen als hier an der Uni. Du rührst Dich ja nicht. Das überläßt du den andern. Du gehst inzwischen zum Angeln oder malst.

Er: Ach, du mit deiner Industrie. Weißt du eigentlich, wie einförmig und aufreibend so ein Job ist?

Sie: Kurz und gut. Du bist einfach zu bequem. Das ist schon ein Leben mit dir.

Er: (heftig) Du hättest besser einen Industriemagnaten heiraten sollen, wenn es dir nur darum geht, ein mondänes Leben zu führen. *Mir* wirfst du Bequemlichkeit vor. Aber ich soll nur deswegen mehr Geld verdienen, damit *du* es bequemer hast. Nein, vor diesen Wagen kannst du mich nicht spannen. (Hart) Weißt du eigentlich, was ein gold-digger ist? So nennt man in Amerika eine Frau, die heiratet, um ein gutes Geschäft zu machen.

Sie: (einlenkend) Versteh' mich bloß nicht falsch. So eine bin ich doch nun wirklich nicht. Ich möchte nur, daß es aufwärts geht mit uns.

Make Money! (Zweite Szene)

Er — seinen Neigungen nach ein ausgesprochener Schöngeist — leitet das Lektorat eines großen Verlages.
Eines Tages beim Mittagessen.

Er: Du, heute war Krausemeyer da, der Verleger. Der hat mir ein erstaunliches Angebot gemacht. Ich kann bei ihm Geschäftsführer werden, so eine Art kaufmännischer Direktor. Ich würde dann dreimal so viel verdienen wie jetzt.

Sie: (ungläubig) Dreimal so viel — also rund dreitausend Mark? (Begeistert) Mensch, Jochen, das wäre ja phantastisch. Wir könnten uns ein Auto kaufen und auf die Dauer auch mal an ein eigenes Haus denken. Wie kommt denn der Krausemeyer dazu?

Er: Ach, der hatte immer schon 'ne Schwäche für mich. Der sammelt ostasiatische Kunst, weißt du. Und da ich davon auch einiges verstehe . . .

Sie: Nun, ja, ganz schön. Aber er engagiert dich doch nicht als Kustos für seine Sammlung . . . (Guckt ihn zweifelnd an) Jochen, du als Kaufmann — ständig im Verkehr mit Kunden und sonstigen Leuten, ständig im Betrieb — mit viel Repräsentation und viel Geselligkeit. (Zögernd) Ich weiß nicht . . .

Er: (seufzend) Du bist ein kluges Weib und siehst genau den Haken, den das hübsche Projekt hat. Ich bin in einer scheußlichen Zwickmühle. Einerseits würde ich furchtbar gern mehr Geld verdienen — auch deinetwegen. Andrerseits werde ich mir da wahrscheinlich vorkommen wie ein zahmes Karnickel in der freien Wildbahn.

Sie: (nickend) Ja, ja, das ist eine schwierige Entscheidung, Jochen. Mehr Geld wär' natürlich schön. Aber wenn du dann nachher in der Arbeit unzufrieden bist — ich weiß nicht . . .

Er: Nett, daß du mich nicht für schnöden Mammon verkaufen willst, Liebling. Ich war auch schon so gut wie entschlossen, Krausemeyer abzusagen. Nur der Gedanke an dich hielt mich zurück.

Ein Paar neue Schuhe. (Erste Szene)

Nach dem Mittagessen bei einer Zigarette.

Sie: Du, gib mir noch 50 Mark diese Woche. Ich brauche dringend ein Paar neue Schuhe.

Er: Das geht zur Zeit auf gar keinen Fall. Du weißt selbst sehr gut, wie knapp wir sind. Außerdem hast du genug Schuhe, finde ich.

Sie: Natürlich, mir wird nichts gegönnt. Ich hätt' es mir ja denken können. Aber für *deine* Projekte und Wünsche ist immer Geld da. Und dann: Wie will ein Mann wissen, wieviel Schuhe eine Frau braucht. Daß ich nicht lache! Wenn ich daran denke, was andere Frauen von ihren Männern bekommen . . . Es gibt eben auch Männer, die lieben ihre Frauen!

Er: Was hat denn das mit Liebe zu tun? Das sind doch reine Kalkulationsfragen. Ich will sehen, daß wir es im nächsten Monat schaffen. Jetzt geht es einfach nicht.

Sie: Im nächsten Monat ist der halbe Sommer um. Nein, vielen Dank, ich verzichte.

Ein Paar neue Schuhe. (Zweite Szene)
. . . .

Sie: Du, ich hätte gern ein Paar neue Schuhe. Ob das in diesem Monat geht?

Er: Zur Zeit wirklich nicht. Ich will mir doch morgen einen neuen Tennisschläger kaufen. Der ist nun schon lange fällig.

Sie: Wenn es nicht geht, geht's eben nicht. Und daß der Schläger nötig ist, sehe ich ja ein. (Nach einer Pause) Schade, ist es natürlich. Ich hatte mir die Schuhe schon angesehen, sie sind sehr schick. Cognacfarbene Relax-Slipper. Federleicht. Und genau zu meinem Tweed-Kostüm passend. Die schwarzen, die ich jetzt trage, sind schon ziemlich ausgetreten. Du hast es neulich selbst gesagt. Und wenn wir am nächsten Sonntag mit Peter und Susanne zur Automobil-Ausstellung fahren, wie du vorhast . . . Nun ja, es geht halt nicht. Es geht doch wirklich nicht, wenn ich dich recht verstanden habe, oder?

Er: (lachend) Hör auf, du Schlange!

Sie: Magst du sie nicht wenigstens einmal ansehen? Dann kannst du dir doch zumindest vorstellen, wie schick ich am nächsten Sonntag aussehen würde, wenn es uns nicht unglücklicherweise in diesem Monat geldlich so schlecht ginge. Kommst du mit, Liebling? Ach bitte, bitte, komm' doch mit!

Er: (sich halb lachend, halb stöhnend die Haare raufend) Wie werd' ich immun gegen dieses Weib? Mein schöner neuer Tennisschläger . . .

Sie: Du bist doll lieb!

Er: Ist das alles?

Sie: (gibt ihm einen Kuß.)

Die Butter fehlt! (Erste Szene)

Beim Abendbrot. Er und sie haben sich eben hingesetzt.

Er: (läßt den Blick kontrollierend über den Tisch gleiten) Es wäre zweckmäßig, wenn auch Butter auf dem Tisch stünde.

Sie: (geht schweigend mit leicht verkniffenen Lippen hinaus, um die Butter zu holen.)

Die Butter fehlt! (Zweite Szene)

Er und sie haben sich eben zum Abendbrot hingesetzt. Er hat sich eine Schnitte Brot genommen, blickt suchend über den Tisch und sagt:

Er: Du, Irene, die Butter fehlt. Hol' sie doch bitte!

Sie: (nach einem kontrollierenden Blick) Tatsächlich! (Steht auf) Ich bring' sie gleich.

Kommentare

Auch in diesen Szenen geht es um Wünsche, um Haben-Wollen, um das Streben nach Besitz. Aber es heißt nicht situationsgerecht „ich möchte", sondern es heißt „ich erwarte unbedingt, ich verlange, ich beanspruche".

Der Wunsch wird nicht zu einer dem Partner vorgetragenen Bitte, sondern er wird verhärtet zu Anspruch und Forderung. Diese wirken um so schroffer, als sie unmittelbar gekoppelt sind mit Angriffen und Vorwürfen, die zutage treten, sobald die Ansprüche vom Partner nicht oder nicht ausreichend berücksichtigt werden. Die Auseinandersetzung um das Haben-Wollen spielt sich also völlig auf der Ebene von Anspruch und Vorwurf ab. Anspruch und Vorwurf bestimmen als Haltung (A n s p r u c h s - und V o r w u r f s h a l t u n g) Erleben und Verhalten des Betreffenden und manifestieren sich im Einzelfall in folgender Form:

Das Herzpulver.

In der ersten Szene hält es die Ehefrau für selbstverständlich, daß der Partner ihr jederzeit zur Dienst- und Hilfeleistung zur Verfügung steht und ihr einfach auf Grund eines hingeworfenen Hinweises und, ohne daß er einer Bitte gewürdigt wird, ein Herzpulver holt. Wozu bitten? Sie fühlt sich berechtigt, ihn ungefragt und ungebeten für sich zu beschäftigen und ihn herumzuschicken — wie eine Prinzessin den ihr ergebenen Diener — und setzt ihn somit wie ein Objekt für ihre Zwecke ein. Solch ein Verhalten wird tiefenpsychologisch durch den Begriff der „Anspruchshaltung" erfaßt.

In der zweiten Szene dagegen spricht die Ehefrau ihren Partner als Subjekt an, als ein Wesen eigener freier Entscheidung. Hier heißt es nicht „Es versteht sich von selbst, daß du mir zu Diensten stehst", sondern „Ich bitte dich, mir einen Gefallen zu tun".

Am Mantel fehlt ein Knopf.

Erste Szene: Dieser Ehemann erwartet von seiner Partnerin wie selbstverständlich, daß sie sich ungefragt und ungebeten um ihn und seine Belange kümmert, so auch um die Instandhaltung seiner „äußeren Person", und daß sie etwaige Mängel — zum Beispiel einen abgerissenen Mantelknopf — von sich aus entdeckt und beseitigt.

Diese Erwartung ist kindhafter Art. Sie entspricht den Erwartungen, die ein Säugling mit Recht an seine Mutter richtet. Denn ein Säugling ist nicht fähig, seine Bedürfnisse in unmißverständlicher Form anzumelden. Ihm steht als Ausdrucksmittel dafür nur ein amorphes Geschrei zur Verfügung, das freilich energisch anzukündigen vermag, daß ein Wunsch, daß ein Bedürfnis vorliegt, ohne jedoch genauer angeben zu können, worin das so dringlich Verlangte besteht. Die liebevolle Mutter muß selbst erfühlen und ermitteln, wo es denn nun fehlt.

Dem Erwachsenen steht dagegen die Sprache zur Verfügung als ein Instrument, das geeignet ist, deutlich und unmißverständlich Wünsche zum Ausdruck zu bringen. So geschieht es in der zweiten Szene: Der Ehemann macht seine Frau auf den mangelhaften Zustand seines Mantels bittend aufmerksam und wiederholt diesen Hinweis mit Nachdruck, nachdem er beim ersten Mal nicht verfing, sondern vergessen wurde.

Es besteht nicht nur ein oberflächlich-formaler Unterschied zwischen den Verhaltensweisen dieser beiden Ehemänner. Sie stehen vielmehr als pars pro toto für ganz verschiedene Grundeinstellungen, Grundorientierungen. Der erste Ehemann ist in der Weise „orientiert", daß er in allen Bereichen vom anderen ein spontanes Eingehen auf seine unausgesprochenen Wünsche und Bedürfnisse erwartet und fordert, vom anderen, der ja doch schließlich merken muß, wessen man bedarf. Der zweite Ehemann dagegen ist grundsätzlich darauf eingestellt, seine Wünsche und Regungen selbst zu verantworten und sie in geeigneter Form mitzuteilen.

Alles ihm zuliebe.

Erste Szene: Es gibt Männer, die ihre Frauen nach Möglichkeit immer um sich haben möchten, weil sie das Fluidum ihrer Gegenwart, weil sie ihre Wärmeausstrahlung nicht entbehren wollen. Sie drücken dieses Bedürfnis aber nicht positiv aus in Form eines Wunsches oder einer Bitte, sondern sie gebrauchen die Partnerin aus stummem Anspruch heraus als eine Art Wärmeöfchen, das eben einfach da zu sein und zu funktionieren hat. Entfernt sich die Wärmequelle, so werden Vorwürfe laut.

Die Frau unseres anspruchsvollen Ehemannes bemüht sich, trotz ihres zwingenden Schlafbedürfnisses seiner Forderung nachzukommen: „Ihm zuliebe". Natürlich kann man dem anderen einmal ein eigenes Bedürfnis opfern. Wird ein solches Opfer aber zur Gewohnheit, übernimmt eine Frau sich ständig um des Partners willen, so wird die Situation gefährlich.

Man handelt gegen die Warnung einer salomonischen Weisheit, wenn man „mehr gibt als man hat". Solch ein „Zuviel" erzeugt naturnotwendig Ärger, der lange Zeit gestaut werden kann, eines Tages aber unweigerlich an anderer Stelle durchbricht — sehr zum Erstaunen der Beteiligten, die sich die Heftigkeit solcher Eruptionen nicht erklären können.

Im zweiten Gespräch dagegen wird der Wunsch nach der Gegenwart der Partnerin, nach innerer und äußerer Nähe freundlich zum Ausdruck gebracht.

Der Cognac.

In der ersten Szene erhebt sie den Anspruch, daß der Partner ihre Bedürfnisse errät. Er hat auf ihre unausgesprochenen Wünsche gefälligst einzugehen. Unterläßt er dies, d. h. entspricht er ihren Erwartungen nicht, so macht sie ihm Vorwürfe und „straft" ihn damit, daß sie verzichtet.

Solche Erwartungen und Ansprüche sind — wie schon gesagt — Überbleibsel aus der Kleinkindzeit.

Natürlich ist es erfreulich, wenn in einer Partnerschaft im Sinne gegenseitiger pfleglicher Fürsorge die Wünsche des anderen erraten und auch ungebeten erfüllt werden. Doch niemand kann eine solche einfühlende Fürsorge berechtigterweise fordern. Sie ist freiwillig, ist ein Geschenk. Unterbleibt sie, so kann man auch ohne Vorwurf seine jeweiligen Wünsche äußern — wie es in der zweiten Szene geschieht.

Es gibt auch Menschen, die sofort resignieren, wenn man ihnen in einer entsprechenden Situation nichts anbietet, die also in diesem Fall nicht einmal in Form einer Erwartung oder eines Anspruchs spüren würden, daß sie auch einen Cognac möchten.

Make money!

Erste Szene: Diese Ehefrau setzt Glück und reichlichen Geldbesitz gleich und treibt aus so geartetem Glücksverlangen den Partner an, durch gesteigerten beruflichen Einsatz mehr Geld zu beschaffen. Ein solcher Frondienst — Arbeit allein geldlichen Gewinnes wegen — wird keinem Manne behagen. Und die Lust nach beruflicher und wirtschaftlicher Expansion wird durch solche Antreiberei nur verleidet. Natürlich dient die Arbeit dem Gelderwerb. Aber das ist nicht ihr alleiniger Sinn. Sie ist vor allem auch Selbstverwirklichung, Gestaltung der eigenen Neigungen und Fähigkeiten.

Zweite Szene: In diesem Fall ist die Ehefrau einsichtig genug, ihren Mann nicht zur Übernahme einer beruflichen Stellung zu drängen, die ihm zwar viel Geld einbrächte, seinen Anlagen und Neigungen aber nicht entspräche. Natürlich möchte auch sie gern über mehr Geld verfügen. Aber sie weiß die beiden Interessen, um die es hier geht, ihrer Wertigkeit nach gegeneinander abzuwägen. Die Zufriedenheit ihres Partners in seiner Arbeit erscheint ihr wertvoller als die Vermehrung ihres materiellen Besitzes. Was würde anderenfalls geschehen? Der Mann, nachdem er ihr zuliebe auf Zufriedenheit im Beruf verzichtet hätte, würde auf die Dauer die Schuld an diesem Verzicht, laut oder leise grollend, ihr zuschieben, und seine gefühlsmäßige Beziehung zu ihr würde sicher darunter leiden.

Ein Paar neue Schuhe.

Im ersten Fall wird von ihr ein rigoroser Anspruch, eine unbedingte Forderung erhoben ungeachtet der geldlichen Situation. Auf seine sachlich begründete Ablehnung reagiert sie mit ätzenden Vorwürfen. Beides — Anspruch und Vorwurf — fordern eine ablehnende Haltung des Partners geradezu heraus.

Die Partnerin des zweiten Gespräches bittet dagegen und überläßt ihm damit die Freiheit der Stellungnahme. Freilich bittet sie unter Einsatz aller „legalen" Mittel wie Charme und liebenswürdiger Überredung.

Die Butter fehlt!

Erste Szene: Eine sachliche Feststellung wird durch unpersönlichen Ton und scharfen Ausdruck zugespitzt. Aus einem Hinweis wird ein Angriff. Wer ständig damit rechnen muß, mit derlei Pfeilen angeschossen zu werden, ist wenig ergötzt. Es sammelt sich Wut, gepaart mit Ohnmacht — Wut ob des unpersönlichen Tones und der Schärfe der Rede, Ohnmacht, weil der andere ja sachlich „recht" hat.

Zweite Szene: Ein feststellender oder gar bittender Hinweis dagegen kann eigentlich nicht verletzen. Er gleicht einer leichten Berührung mit der Hand und hat mit einer Pfeilspitze nichts gemein. Entscheidend sind nicht die formalen Unterschiede des Ausdrucks, sondern entscheidend ist die unterschiedliche zwischenmenschliche Einstellung. Dort wurde der Partner zur Zielscheibe, zum bloßen Objekt. Hier ist er Subjekt, einer freundlichen Kritik und einer Bitte wert.

4 Besitzergreifende Liebe

Der Skatabend.

Dienstagabend. Beim Abendessen.

Er: Ich geh' heute abend zum Skatspielen — in die Linde.

Sie: Davon hast du mir ja gar nichts gesagt! Ständig läufst du fort, und mich läßt du zuhause sitzen. Wozu sind wir denn überhaupt verheiratet? Aber verschwinde nur. Ich bin direkt froh, wenn ich dich nicht sehen muß.

Er: Nun erlaube mal. In der letzten Woche war ich gerade einmal nicht zuhause. In dieser Woche wird es auch nicht öfter sein. Und dieser Skatabend ist eine Männerangelegenheit. Ich kann dich da nicht mitnehmen. Du sperrst mich ja regelrecht ein. Wenn du so weiter machst, wirst du mich in Zukunft überhaupt nicht mehr zuhause sehen. Ich gehe, wenn's mir paßt. Merk' dir das — ein für allemal.

Sie zupft an ihm herum. (Erste Szene)

Im Frühling. Er und sie haben sich miteinander in der Stadt verabredet, um einzukaufen und anschließend noch einen Besuch zu machen. Am Treffpunkt. Er ist bereits da. Sie erscheint in großer Eile. Er geht ihr entgegen.

Er: Tag, Gertrud! Wie pünktlich du bist!

Sie: (nach flüchtigem Händedruck) Bin ich doch immer. Tag, Erwin. (Tritt einen Schritt zurück und mustert ihn kühlen Blickes von oben bis unten, kopfschüttelnd.) Wie du wieder aussiehst! (Tritt an ihn heran, nimmt ein Fädchen von seinem Kragen, zupft seine verrutschte Krawatte zurecht und steckt das Taschentuch etwas tiefer in seine Reverstasche. Dann befehlend und ungeduldig) Dreh' dich mal 'rum!

Er: (ärgerlich) Laß das! Ich kann das nicht haben.

Sie: (vorwurfsvoll) Aber so kannst du doch nicht 'rumlaufen, so verloddert. Was sollen die Leute denken! Sei froh, daß ich mich um dein Aussehen kümmere.

Er: (mürrisch) Froh? . . . Wie du das machst? Du reibst an mir herum wie an einem Möbelstück. Geradezu widerwärtig.

Sie: (indigniert) Das ist der Dank!

Sie zupft an ihm herum. (Zweite Szene)

Im Frühling. Er und sie treffen sich zufällig in der Stadt.

Er: Ah, sieh da! Meine Frau! Schick siehst du aus.

Sie: (vergnügt) Tach, Erwin, wo gehst du hin?

Er: Zur Bibliothek. Aber viel lieber würde ich jetzt mit dir 'ne Tasse Kaffee trinken. Wie wär's?

Sie: Gerne! Übrigens — ehe wir gehen: Deine Krawatte sitzt schief, dein rechter Jacket-Ärmel ist weiß und an deiner linken Schulter hängt ein blondes Haar — glücklicherweise eins von deinen eigenen — Ferkel, du.

Er: (fährt mit der Hand über seine linke Schulter und rückt anschließend die Krawatte zurecht. Dann beguckt er seinen Ärmel.) Tatsächlich! (Reibt ihn ab. Fragend) Alles in Ordnung?

Sie: (anerkennend) Bestens. Erwin. So gefällst du mir.

Was denkst du gerade?

Er und sie sitzen auf der Terrasse eines an einem Berghang gelegenen Gartenlokals. Sie haben gut zu Abend gegessen und genießen nun bei einer Zigarette und einem Kaffee die Aussicht. Beide sind in angenehmer Laune. Nach einer längeren Gesprächspause, während er in sich versunken dasitzt —

Sie: Was denkst du jetzt?

Er: (guckt auf — noch etwas abwesend.) Denken? Ooch, nichts.

Sie: Du hast eben etwas Bestimmtes gedacht. Ich hab's dir doch angesehen.

Er: Es war nichts Besonderes — wirklich nicht.

Sie: (ungeduldig) Was war's denn? Nun sag' doch schon!

Er: (in aufsteigendem Verdruß ob ihrer Hartnäckigkeit) Jetzt hör' bloß auf!

Sie: (mehrmals heftig an ihrer Zigarette ziehend. Dann, während sie die Asche abklopft) Wenn es nichts Besonderes ist — warum erzählst du es mir dann nicht? Wahrscheinlich handelt es sich um etwas, das ich nicht wissen soll.

Er: Und selbst, wenn es so wäre . . .

Sie: (mit Betonung) In einer guten Ehe gibt es keine Geheimnisse voreinander. (Nach kurzer Pause) Also, bitte, sag', was war's?

Er: (jetzt ernstlich erzürnt) Ich will aber nicht. Zum Donnerwetter nochmal! Wenn du mich jetzt nicht in Ruhe läßt, passiert was.

Sie: (den Blick in die Landschaft gerichtet, spitz) Es wird schon seine Gründe haben, wenn du mir etwas verschweigst und dich noch dazu so erregst.

Kommentare

Ging es zuvor bei den vom Besitzstreben bestimmten Auseinandersetzungen um Dinghaftes und Sachliches, so richtet sich das Habenwollen in den letzten Szenen auf den Menschen selbst. Der andere Mensch, der Partner als Besitz und Eigentum! Es geht um die b e s i t z - e r g r e i f e n d e L i e b e. Freilich will die Liebe in jedem Falle auch den anderen „haben", will seine Gefühle ergreifen, damit er ein Ergriffener ist. Doch in den dargestellten Fällen geht es nicht darum, die Gefühle des anderen zu ergreifen, sondern ihn ganz und gar zu vereinnahmen und ihn so jeder Eigenwilligkeit und Bewegungsfreiheit zu berauben:

Der Skatabend.

In diesem Dialog ist die Ehefrau von dem Drang erfüllt, den Partner mit Haut und Haaren für sich zu haben. Sie will ihn vereinnahmen, fressen — „vor lauter Liebe" — versteht sich. Der Partner fühlt sich mit Beschlag belegt und in seinem Eigenleben eingeengt. Wenn er nicht einmal alleine ausgehen darf, wird er den Eindruck bekommen, in der Liebe lebendig begraben und in der Ehe ein Gefangener zu sein. Ein Eindruck, der ihn dazu veranlassen kann, sich stark zu machen, um lästige Fesseln zu dehnen, wenn nicht zu sprengen. Wahrscheinlich ist die sehr späte Ankündigung seines Vorhabens schon ein Versuch in dieser Richtung.

Sie zupft an ihm herum.

In beiden Szenen handelt es sich um dasselbe: um kleine Vernachlässigungen, um Inkorrektheiten in der äußeren Erscheinung des Mannes, an denen ein weibliches Auge sich häufig stößt. Ein Ärgernis für das Auge, das von recht verschiedenen inneren Einstellungen begleitet sein kann.

In der ersten Szene fühlt sich der Ehemann wie ein Möbelstück behandelt, das einer Instandsetzung unterworfen wird. Er ist Objekt, ist Gegenstand einer Fürsorge, die ihrer Natur nach besitzergreifend ist. Mit Wort und Geste wird von dieser Ehefrau bekundet, daß der Partner ihr „gehört". Unter dem Vorwand der Fürsorge „legt sie Hand an ihn", ohne sich zu vergewissern, ob ihm solch ein Handanlegen erwünscht ist. Sie bemächtigt sich seiner dort, wo er ihr Anlaß dazu bietet — in diesem Falle in seiner äußeren Erscheinung —, wobei die Motivation ihres Verhaltens ihr kaum oder gar nicht bewußt sein wird.

Der Ehefrau der zweiten Szene ist das nicht ganz korrekte Erscheinungsbild des Partners gleichfalls ein „optisches Ärgernis". Doch nimmt sie dieses Ärgernis nicht zum Anlaß, sich des anderen zu bemächtigen. Er ist für sie Subjekt, dem sie sich mit freundlicher Kritik zuwendet, ohne gleichzeitig von ihm Besitz zu ergreifen.

Es scheint sich bei dem unterschiedlichen Verhalten der beiden Ehefrauen nur um äußere Nuancen zu handeln. Und doch kennzeichnen diese Nuancen zwischenmenschliche Einstellungen, die in entscheidender Weise voneinander abweichen.

Was denkst Du gerade?

Viele Menschen fühlen sich ihrem Partner gegenüber nur dann sicher, wenn sie sein Dasein einschließlich seiner Gedanken und Gefühle möglichst lückenlos überblicken. Sie wollen ihn in jeder Faser, in jeder Regung „vereinnahmen". Gelingt das nicht, so werden sie unruhig und fühlen sich im „Besitz" des Partners gefährdet. Eine Haltung, die vielleicht bei Frauen etwas häufiger anzutreffen ist als bei Männern.

Doch auch in der Ehe gelten die menschlichen Grundrechte und damit die Freiheit der Gedanken. Niemand ist geneigt, sich in jedem Augenblick dem anderen zu eröffnen — mag ihm nun Nichtiges oder Bedeutsames durch den Sinn gehen. Es ist nicht möglich, daß zwei Menschen völlig ineinander aufgehen. Auch in der harmonischsten Ehe bleibt jedem ein Bereich eigener Einsamkeit, der dem anderen unzugänglich ist. Die Integrität des einzelnen sollte nicht verletzt, nicht angetastet werden. Integrität bedeutet dem Wortsinn nach das „Unantastbare".

5. Neid

Munterkeit am Abend. (Erste Szene)

Beide Partner sind voll berufstätig. Während er in der Regel am Abend noch recht frisch und zu allem Möglichen aufgelegt ist, kommt sie immer völlig abgespannt nach Hause.

Sie: Ich weiß nicht, woran es liegt. Aber ich bin abends immer todmüde. Wenn ich *dich* dagegen ansehe . . . Was tust du eigentlich tagsüber? Nach deiner Munterkeit zu schließen: nicht allzuviel!

Er: Vielleicht kann ich nur besser mit meinen Kräften haushalten.

Sie: Auf jeden Fall kannst *du* den Abend noch genießen und *ich* nicht. Wir armen Weiber mit unseren kümmerlichen Kräften! Ihr Männer wißt gar nicht, wie gut ihr dran seid! Überhaupt, ich hab's mal wieder satt. Ich geh' zu Bett. Nacht!

Munterkeit am Abend. (Zweite Szene)

Beide Partner sind voll berufstätig. Er ist abends meistens frisch und munter, sie dagegen ziemlich abgespannt.

Sie: Wie machst du es eigentlich, daß du abends immer noch zu Werweiß-was aufgelegt bist? Wenn ich *mich* dagegen ansehe . . . Du hast eine unverschämte Vitalität. Der Neid könnte einen packen. Verflixt nochmal! (Stampft halb scherzhaft, halb wütend mit dem Fuße auf und schnaubt dabei durch die Nase.)

Er: Das ist doch Quatsch — mit der Vitalität! Mir ist völlig klar, daß du abends kaputt sein mußt bei deiner Einstellung zum Beruf. Du mußt doch alles 150prozentig machen, sonst bist du nicht zufrieden.

Sie: (nachdenklich) Vielleicht hast du recht. Aber wie soll ich das ändern? (Dann energisch) Denn ich will einfach abends nicht immer dahocken wie eine lahme Ente. (Schlägt mit der Hand auf den Tisch.)

Kommentar

Es geht um den Neid — von jeher eine der sozial besonders verpönten Regungen. Warum eigentlich? Freilich, wenn das ganze Besitzstreben sozusagen gesteuert wird von Neidgefühlen, wenn etwas nur deshalb als begehrenswert erlebt wird, weil ein anderer es hat, wenn das Genießen des Eigenen nicht möglich ist, weil andere Besseres und mehr haben, wenn ein Mensch ständig gelb vor Neid ist, dann wirkt sich das — auch in der Partnerschaft — ungünstig aus. Doch Neid als eine Regung unter anderen ist im menschlichen Besitzerleben sozusagen die Regel — mag er voll erlebt sein oder, uneingestanden, umso quälender und nachhaltiger wirken.

In unserem Beispiel geht es um:

Munterkeit am Abend.

Sie beneidet ihn um seine Vitalität, um seine größere Frische und Genußfähigkeit. Gerade dieser Vitalneid kann, wenn er gestaut wird, eine Ehe langsam, aber sicher unterhöhlen. Welche Qual, dieses ständige Gefühl, daß der andere mehr hat vom Leben, sich mehr zu gönnen vermag, es einfach besser hat als man selbst! Dazu das Schamgefühl ob des Neides, auch wenn er und gerade wenn er vor sich selbst und anderen gar nicht oder nur teilweise eingestanden wird.

Affekte und Triebenergien als solche sind aber — wie die Naturkräfte — nicht moralisch wertbar, sie sind „jenseits von Gut und Böse". Man kann sie im Einzelfall allenfalls danach beurteilen, wie der Mensch sie einsetzt und ausrichtet — ob zerstörerisch in bezug auf sich selbst und andere, ob konstruktiv als Ansatz zu größerer Selbstentfaltung und Weltbemächtigung. So ist ein Unterschied zwischen dem scheelen, ohnmächtigen Neid, der sich darauf beschränkt, dem anderen etwas zu mißgönnen (erste Szene), und jenem glühenden, produktiven Neid, der sich selbst auch gönnen will, was bei dem anderen begehrenswert erscheint, und der zum Ansporn werden kann, das Begehrte für sich gleichfalls zu erwerben (zweite Szene).

6. Opferhaltungen

Das Gehalt. (Erste Szene)

Am 6. des Monats beim Frühstück — nachdem er ihr wie gewöhnlich am Ersten sein Monatsgehalt — 500.— DM — übergeben hat.

Er: Du, gib mir mal 10 Mark.

Sie: Gleich 10 Mark! Wozu denn?

Er: (ärgerlich) Jetzt reicht es mir aber: Ich überlasse dir meinen ganzen Verdienst und soll dir dann auch noch Rechenschaft ablegen über die paar Mark, die ich für mich gebrauche. Als ich im letzten Monat mal drei Mark für Zigarren haben wollte, hast du auch ganz vorwurfsvoll getan.

Sie: Aber ich mache dir doch keine Vorwürfe. Ich frage doch nur, wozu du das Geld brauchst.

Das Gehalt. (Zweite Szene)

Am 1. des Monats. Er hat ihr eben, wie gewöhnlich, 250.— DM Haushaltsgeld gegeben, sowie 50.— DM Taschengeld zu ihrer persönlichen Verfügung. 50.— seines Gehaltes von 500.— DM hat er als Taschengeld für sich, 150.— für sonstige Ausgaben reserviert.

Sie: Du, hör' mal, ich brauche dringend einen neuen Sportrock — etwas Praktisches für alle Tage, — er würde 40.— bis 50.— Mark kosten. Geht das in diesem Monat?

Er: Mal sehen. (Notiert überlegend auf einen Zettel)

Versicherungsprämien	28.— DM
Abzahlungsrate für den Eisschrank	20.— DM
Rücklage für den Urlaub im übernächsten Monat	20.— DM
macht . . .	68.— DM

Was haben wir denn sonst noch für Ausgaben?

Sie: Nichts — außer dem Laufenden.

Er: Dann reicht es für den Rock.

Stets zu seinen Diensten.

Er und sie abends im Wohnzimmer. Es ist etwa halb neun Uhr. Er hat demnächst einen Vortrag zu halten und ist damit beschäftigt, das Manuskript zu tippen. Sie hat nach einem anstrengenden Tag ihre drei Kinder ins Bett gebracht und ist jetzt völlig in einen Roman von Hemingway versunken.

Er: Das Abschreiben ist furchtbar unbequem. Du könntest mir eigentlich diktieren, Ursel. Ich komme dann schneller voran.

Sie: (legt etwas zögernd und mit bedauerndem Gesichtsausdruck das Buch aus der Hand und greift nach seinem Manuskript) Wo bist du denn stehen geblieben?

Er: Beim zweiten Absatz auf Seite drei.

Sie: (nach einem unhörbaren Seufzer) Kann ich anfangen?

Er: Einen Augenblick, bitte. Ich muß erst noch neue Bogen einspannen. (Nach einer halben Stunde) Du sprichst auf einmal so leise. Das geht aber nicht, Ursel. Ein bißchen lauter und akzentuierter, bitte. Ich kann dich gar nicht verstehen.

Sie: (in entschuldigendem Tonfall) Es strengt mich sehr an, das Diktieren. Ich bin auf einmal todmüde. Am liebsten würde ich schlafen gehen.

Er: Schon? Um neun? Du kannst mich doch jetzt nicht im Stich lassen. Ich möchte unbedingt heute Abend fertig werden.

Sie: Na gut. (Diktiert weiter)

Allein ins Kino?

Nachmittags etwa um halb vier Uhr. Sie ist mit ihrer Hausarbeit fertig, blättert in der Zeitung und entdeckt die Anzeige eines Filmes, der sie interessiert. Sie überlegt.

Sie: Halb vier. Eigentlich könnte ich in die Vier-Uhr-Vorstellung gehen. Zeit hätte ich. Andererseits . . . ohne Alfred . . . (Schiebt einen Finger zwischen die Zähne und beißt heftig darauf, während sich eine Falte zwischen den Augenbrauen eingräbt. Dann springt sie auf, holt ihr Strickzeug — einen Tennis-Pullover für ihren Mann — setzt sich ans Fenster und strickt emsig.)

Später beim Abendessen.

Sie: Du, Fred, laß uns heute Abend ins Kino gehen. Es gibt Tolstojs „Krieg und Frieden" mit der Audrey Hepburn.

Er: Tut mir leid, du. Aber das geht nicht. Ich habe mir eine ganze Mappe voll Arbeit mitgebracht. Lauter Statistiken.

Sie: Ach, du mit deiner ewigen Statistik. Das kannst du doch auch ein anderes Mal machen.

Er: Es ist ganz unmöglich, Inge. Ich habe diese Woche Abend für Abend zu arbeiten. Nach dem Kongreß wird's wieder besser.

Sie: (ärgerlich schmollend) Das ist gemein. Gemein finde ich das. Den ganzen Tag plage ich mich für dich. Heute habe ich allein drei Stunden an deinem Pullover gestrickt. Und was ist der Dank? Nie hast du Zeit für mich. Nie sorgst du für mein Vergnügen — nicht mal für einen lumpigen Kinobesuch.

Er: Nun sei doch nicht töricht, Inge. Zur Zeit geht es einfach nicht. Außerdem zwingt dich doch niemand, den ganzen Tag zu arbeiten. Und schließlich: warum gehst du nicht allein ins Kino?

Sie: (schiebt heftig ihren Stuhl zurück und steht auf) So habe ich mir die Ehe vorgestellt. Genau so! (Geht hinaus.)

Die Unentbehrliche.

Er und sie sitzen abends im Wohnzimmer. Er liest einen Unterhaltungsroman, sie stopft Unterwäsche.

Sie: Frau Müller hat schon wieder ein neues Kostüm.

Er: Hm.

Sie: Ja, sie fährt für vier Wochen nach Kissingen. Das ist ihre zweite Reise in diesem Jahr. Wenn ich so vergleiche . . .

Er: Ooch, ich bin eigentlich ganz zufrieden.

Sie: Ja, *du* — zwischen deinem und meinem Leben ist ja auch noch ein Unterschied.

Er: Wieso?

Sie: Na, überleg' mal! Das fängt doch schon morgens an. Während ich das Frühstück mache, liegst du noch im Bett. Was ich im Geschäft schaffe, brauche ich dir nicht zu erzählen. Um zwölf Uhr rase ich nach Hause, um das Mittagessen fertig zu machen. Um halb eins kommst du und liest die Zeitung, während ich den Tisch decke. Hinterher legst *du* dich hin, und *ich* habe den Abwasch. Und wenn wir abends aus dem Geschäft kommen, dann wartet auf *dich* die Erholung und auf *mich* das Abendessen. Und später . . . Du siehst es ja selbst: *Du* liest, und *ich* arbeite. Wenn ich bedenke, was ich in meinem Leben schon alles geleistet habe. Von Jugend auf habe ich mich gequält — von morgens bis abends — Tag für Tag.

Er: (hat nachdenklich zugehört) Das weiß ich, das hast du wirklich. Aber eigentlich wäre es gar nicht nötig. Ich habe doch nie verlangt, daß du im Geschäft hilfst. Es ginge auch ohne dich. Du könntest es viel gemütlicher haben.

Sie: Das Geschäft ohne mich? Das ist doch völlig ausgeschlossen. Du klagst doch so schon über die viele Arbeit.

Er: Ich könnte ja noch eine fremde Kraft einstellen.

Sie: Eine fremde Kraft? Was Du für Ideen hast! Du weißt doch selbst, wieviel Kunden nur von mir bedient sein wollen. Du würdest schön aufgucken, wenn ich mich zurückziehen würde.

Er: Und wenn schon . . . Und dann: Warum gönnst du dir nicht wenigstens einen Mittagsschlaf?

Sie: Das kann ich mir nicht leisten, wenn alles in Ordnung sein soll.

Die Krankenpflegerin. (Erste Szene)

Der Ehemann liegt schon seit Wochen mit einer schweren Lungenentzündung zu Hause im Bett. Sie pflegt ihn aufopfernd und kommt deshalb kaum an die frische Luft. Eines Tages. Sie hat ihm gerade den Nachmittagskaffee gebracht.

Er: Du mußt dich jetzt auch etwas schonen, Liebste, du siehst miserabel aus.

Sie: (etwas spitz) Als Hausfrau und Krankenpflegerin kann ich nicht auch noch attraktiv aussehen.

Er: (in überredendem Ton) Geh' doch ruhig mal aus. Nimm dir was Nettes vor. Ich kann jetzt ganz gut stundenweise allein sein. Das Schlimmste ist überstanden. Der Doktor hat's auch gesagt.

Sie: Wie schlecht du mich kennst. Meinst du, ich ließe dich auch nur eine Stunde allein, so lange du noch bettlägerig bist? Zu dieser Art Frauen gehöre ich nicht. Ich kenne meine Pflicht.

Die Krankenpflegerin. (Zweite Szene)

. . . .

Eines Tages, während er seinen Nachmittagskaffee trinkt.

Sie: Wie fühlst du dich?

Er: Ganz gut. Ich hab' es geschafft.

Sie: Gott sei Dank, du. Paß auf, jetzt geht es schnell aufwärts. Übrigens, was meinst du, werde ich dich jetzt ab und zu ein paar Stunden allein lassen können? Der Doktor hat nichts dagegen, ich hab' ihn gefragt.

Er: Aber sicher, Inge. Du hast es nötig.

Kommentare

In den letzten Ehegesprächen dreht es sich nicht um das Haben-Wollen, sondern darum, wie man mit seinem Eigentum umgeht — mit dem eigenen Geld, den eigenen Kräften, der eigenen Zeit . . . In den dargestellten Fällen geht es um eine Einstellung zum eigenen Besitz, die sich für den Eigentümer selbst, wie auch für seine mitmenschlichen Beziehungen ungünstig auswirkt. Diese Menschen fühlen sich übermäßig zum Hergeben, zur Verausgabung, zum Opfern getrieben und verpflichtet. Einsatz, Schenken und Opfern geschehen nicht freiwillig, unbefangen und angeglichen an die Situation, sondern vollziehen sich fast zwanghaft und ohne Rücksicht darauf, ob sie den eigenen Regungen und der gegebenen Situation entsprechen. Sie vollziehen sich im Sinne einer durchgängigen Haltung, einer O p f e r h a l t u n g, die im konkreten Fall in folgender Weise in Erscheinung tritt:

Das Gehalt.

Erste Szene: Da er seinen ganzen Verdienst zu Hause abliefert, muß in ihm natürlich das Gefühl entstehen, daß er als Lastesel nur für seine Familie arbeitet. Ein Ehemann mit dieser Haltung träumte einmal von seiner Frau als von einem Faß ohne Boden. Sie war für ihn etwas Unersättliches geworden — nicht etwa, weil sie besonders anspruchsvoll war, sondern weil er ihr sein Gehalt regelmäßig und vollständig auslieferte und sich in dieser Hinsicht ihrer Verfügung unterstellte, abhängig wie ein Kind von seiner Mutter. Das Geringste wäre, daß er sich ein Taschengeld einbehielte, mit dem er nach Belieben schalten und walten kann.

Der Partner der zweiten Szene überläßt seiner Frau ein Haushaltsgeld zu ihrer Verwaltung und zweigt für sie und für sich ein Taschengeld von gleich hohem Betrag zu persönlicher Verwendung ab. Über den Restbetrag disponieren die Eheleute gemeinsam.

Stets zu seinen Diensten.

Die Ehefrau steht unter dem Zwang einer neurotischen Opferhaltung, und zwar verausgabt sie ihre Kräfte. Sie gibt nicht aus dem Überfluß, sondern sie greift ihre Substanz an. Wahrscheinlich ist die frühzeitige Ermüdung ein Protest, eine Abwehrmaßnahme des Körpers gegen solche Verausgabung. Da sie nicht selber die Verantwortung für ihr Bedürfnis übernehmen will — für ihr Bedürfnis, sich zu weigern, „nein" zu sagen —

so drängt es sich ihr in anderer Form auf — hier als körperliche Ermüdung, die jenem nicht gewagten „Nein" entspricht. Sie aber überhört auch dieses Warn- und Alarmsignal und fügt sich weiter seiner Forderung — „ihm zuliebe".

Vor allem Frauen sind in bezug auf Liebe und Ehe von falschen Vorstellungen beherrscht, die durch manche Romane und Filme, sowie durch die Antworten und Empfehlungen in den „Briefkästen" illustrierter Zeitungen gelegentlich noch verstärkt werden. Sie werden beherrscht von der Vorstellung: „Paß dich in jeder Hinsicht deinem Ehepartner an, geh' stets auf ihn und seine Wünsche ein. Nur so wirst du den ehelichen Frieden erhalten. Nur so wird deine Ehe glücklich sein". Diese Vorstellung ist ein Irrtum. Rückhaltlose Anpassung an den anderen ist nicht Liebe, sondern Übergefügigkeit.

Die Übergefügige geht grundsätzlich mehr auf die Bedürfnisse des anderen ein als auf die eigenen. Das wird letztlich immer schlecht ausgehen. Entweder setzen sich die vernachlässigten Regungen in Form einer körperlichen Erkrankung durch, oder die so Gefügige fühlt sich auf die Dauer durch den Partner und durch die Ehe unheilbar enttäuscht — enttäuscht in ihrer Erwartung, daß der andere sich für sie genau so übertrieben einsetzt.

Das Christentum, die Religion der Liebe schlechthin, lehrt: „Liebe deinen Nächsten wie dich selbst" — keinesfalls mehr. Nur wer sich selbst mitsamt seinen Bedürfnissen liebt und ernst nimmt, der kann in eben diesem Maße auch den Nächsten lieben.

Allein ins Kino?

Wiederum eine Frau in der Gefangenschaft einer neurotischen „Opferhaltung". Sie wagt es nicht, sich untertags — während der Berufsarbeit des Mannes — einen Genuß zu gönnen. Ihre Verpflichtungsgefühle ihm gegenüber erlauben es nicht. Sie unterdrückt ihren Wunsch, in ein Kino zu gehen, und arbeitet stattdessen für ihn. Das pflegt sich auf die Dauer zu rächen. Was sie sich selbst seinetwegen schuldig geblieben ist, das wird sie von ihm eines Tages einfordern — in diesem Falle schon am gleichen Abend. Wenn sie dagegen fähig wäre, sich selbst mehr zu gönnen, ihre Regungen ernst zu nehmen und ihre Wünsche selbständig zu erfüllen, dann würde sie von ihrem Partner auch entsprechend weniger zu erwarten brauchen.

Nach psychologischem Gesetz ist die Rückseite der zunächst oft positiv scheinenden Opferhaltung stets eine Vorwurfshaltung. Und diese minder glänzende Rückseite der Medaille wird dem Partner früher oder später in Form vordergründiger offener oder auch hintergründiger versteckter Vorwürfe unter die Nase gerieben.

Die Unentbehrliche.

Eine Frau, die sich ständig übernimmt, die mehr an Kräften hergibt, als sich erneuern können, eine Frau, die sich laufend verausgabt – also keine überfließende Brunnenschale, sondern ein Gefäß, das rinnt, das leer läuft –, eine Frau, die zu viel leistet und zu wenig genießt, kurz, die ganz einfach, wie sie selbst sagt, sich quält – von morgens früh bis abends spät, Tag für Tag. Eine solche Haltung führt eines Tages unweigerlich zu neurotischer Symptomatik. In den Äußerungen dieser Frau wird ihre Unzufriedenheit schon deutlich. Sie wehrt sich noch dagegen mit der Illusion, unentbehrlich zu sein. Diese Illusion ist ein häufiges Abwehrmittel gegen steigende Unzufriedenheit.

Aus ihren Worten ist auch ein Vorwurf gegen den Partner heraus zu hören, für den sie sich so hingegeben einsetzt und der sich das Leben schöner und genußreicher gestaltet, als sie selbst es vermag. Eine gewohnheitsmäßige Verausgabung – ganz gleich welcher Art – ist immer mit Vorwürfen gekoppelt, die oft lange Zeit nicht gespürt werden, die aber mit zunehmender Erschöpfung unweigerlich ans Licht kommen.

Die Krankenpflegerin.

Es gibt auch in der Ehe Situationen, die einen ganz besonderen Einsatz, ein wirkliches Opfer verlangen. Dazu gehört unter anderem eine schwere Erkrankung des Partners. Doch ist entscheidend, aus welchem Gefühlsgrund heraus solch ein Einsatz vollbracht wird.

Die Partnerin unserer ersten Szene opfert sich aus Zwang, nicht aus Bedürfnis. Sie setzt ihre totale Hingabe an den kranken Mann auch dann noch fort, als die sachliche Gegebenheit, die Krankheitssituation, es gar nicht mehr erfordert – eben zwanghaft, unelastisch. Charakteristisch für solch eine zwanghafte Aufopferung, eine neurotische Opferhaltung, sind die untergründigen Vorwürfe, die manchmal aufblitzen und sich in spitz-aggressiven Bemerkungen äußern wie: „Als Hausfrau und Krankenpflegerin kann ich nicht auch noch attraktiv aussehen." Charakteristisch ist auch die überhebliche Distanzierung der eigenen Person von dem Verhalten anderer: „Zu dieser Art Frauen gehöre ich nicht. Ich kenne meine Pflicht." Aus der inneren Not: Ich muß mich aufopfern, um liebenswert zu sein — wird die Tugend: Ich bin eine durch besondere Opferwilligkeit ausgezeichnete Frau.

Es ist nicht ganz leicht, den Unterschied zwischen einer neurotischen Opferhaltung und einer gesunden Opferbereitschaft (2. Szene) herauszuspüren. Opferhaltung und Opferbereitschaft! Reflexhafter Zwang und eigenständiger Impuls! Man kann an sich selbst feststellen, ob man von dieser beherrscht oder von jener erfüllt ist, indem man die Gefühlstönung des eigenen opfervollen Einsatzes prüft. Fühlt man sich bei diesem Einsatz getrieben, ist man hernach verstimmt und vielleicht enttäuscht, weil der andere zu wenig Dankbarkeit zeigt, so muß man an eine neurotische Opferhaltung denken. Im Falle der Opferbereitschaft dagegen ist der Einsatz selbst irgendwie befriedigend, mag man dadurch auch einmal an das Ende seiner Kraft geraten, ist befriedigend, unabhängig von Lob und Lohn, obwohl Dankbarkeit von Seiten des anderen natürlich wohltut.

7. Unfähigkeit zum Neinsagen

Sie liest Colette. (Erste Szene)

Am Abend. Er und sie, jeder in einem Sessel unter der Leselampe mit einem Buch beschäftigt.

Sie: Wie die Colette erzählen kann! So etwas gibt es doch einfach nicht in der deutschen Literatur. Findest du nicht auch?

Er: Ja, ja, du hast schon recht.
(Nach einer Weile)

Sie: Du, mein Liebhaber hier — ich meine natürlich den meiner Heldin — der trägt Nachthemden aus indischer Seide mit weißen Streifen auf violettem oder grünem Grund. So etwas müßte dir doch eigentlich auch stehen.

Er: So? Indische Seide? Meinst du?
(Nach wiederum einer Weile)

Sie: Du, hier steht: „Er liebt es zu befehlen unter der Bedingung, daß man ihn beschützt". Das ist typisch. Findest du nicht auch?

Er: (schweigt)

Sie: Ich finde das typisch. Was meinst Du?

Er: Zum Donnerwetter nochmal! Ich finde typisch, daß du mich immerzu störst. Und ich befehle dir jetzt, daß du mich vor deinen ständigen Zwischenfragen beschützt. Ich lese keinen Liebesroman, sondern eine wissenschaftliche Abhandlung, das heißt, *ich arbeite*, während *du* dich amüsierst. Das solltest du immerhin respektieren.

Sie: Du liebe Zeit. Was für ein Lärm! Und woher soll ich schließlich wissen, was du liest.

Sie liest Colette. (Zweite Szene)

. . . .
. . . .

Sie: Du, hier steht: „Er liebt es zu befehlen unter der Bedingung, daß man ihn beschützt". Das ist doch typisch. Findest Du nicht?

Er: Hör' mal zu, meine Liebe. So gern ich mich mit dir unterhalte ... Aber so geht es nicht. Ich lese hier eine wissenschaftliche Abhandlung, bei der ich mich unbedingt konzentrieren muß. Also Ruhe jetzt.

Sie: Du mit deiner Wissenschaft! Aber ich bin ja schon ruhig.

Gäste am Abend.

Sie haben ein paar Gäste — gute Bekannte von ihnen — zum Abendessen eingeladen. Es ist 24⁰⁰ Uhr geworden, also eine Zeit, zu der man bei einer Einladung zum Abendessen schon damit rechnen kann, daß die Gäste gehen. Die Gäste bleiben. Es wird 00³⁰ Uhr und 1⁰⁰ Uhr. Keine Zeichen des Aufbruches. Beide Gastgeber sind im Grunde todmüde. Da verläßt er das Zimmer und kommt nach kurzer Zeit mit einer Flasche Wein zurück.

Er: (während des Entkorkens) Den müßt ihr noch trinken. Forster Kirchenstück, eine Spätlese. Ihr werdet staunen.

Als die Gäste um 2⁰⁰ Uhr endlich gegangen sind.

Sie: (in einen Sessel sinkend und die Schuhe von den Füßen schlenkernd) Uff, ich habe gemeint, ich sterbe vor Müdigkeit. Die gingen und gingen nicht. Und du Rindvieh machst um 1⁰⁰ Uhr noch eine Flasche Wein auf — eine vom besten. Dabei warst du selber müde. Ich hab's dir wohl angesehen.

Er: Schließlich bist du die Hausfrau. Du hättest ja auch etwas andeuten können, von Müdigkeit und so.

Sie: Ach, das kann man doch nicht, Gäste rausschmeißen. Wenn die Leute selbst nicht so viel Takt haben, kann man halt nichts machen. Aber sie auch noch zum Bleiben aufmuntern, wie du das mal wieder getan hast, du alter Idiot . . . (Gähnt) Huach, und um halb sieben ist die Nacht vorbei. Es ist zum Verzweifeln.

Der Hausbesuch.

Ihre ältere Schwester ist zu Besuch bei ihnen – seit drei Wochen schon. Sie nimmt lebhaft Anteil an der Familie und traktiert ihre Gastgeberin reichlich mit gutgemeinten Ratschlägen über Kleidung, Frisuren und Kosmetik, über Raumgestaltung und Küchenführung, über Kindererziehung und Behandlung des Ehemannes. Eines Abends, als sie ausnahmsweise einmal allein ins Kino gegangen ist, kommen die Eheleute auf sie zu sprechen.

Er: Du hör' mal, deine Schwester fällt mir langsam auf den Wecker. Wann fährt sie denn eigentlich wieder?

Sie: Ich weiß nicht. Ich finde ihren Besuch ja auf die Dauer auch nicht gerade begeisternd.

Er: Du drückst dich sehr milde aus, meine Liebe. Für mich ist sie eine wahre Hausplage geworden. Nichts gegen Besuch. Aber man muß wissen, wie lange er bleibt. Und dann die Art deiner lieben Schwester! Wenn ich sehe, wie sie sich von dir bedienen läßt, wie sie an dir herumerzieht und dich geradezu schikaniert. (Ärgerlich) Ja, das tut sie! Sie ist eine regelrechte Nervensäge.

Sie: (nervös) Reg' dich doch nicht so auf und laß' um Gottes willen Gerda nichts merken! Sie ist so empfindlich. Und ich will keinen Unfrieden mit ihr. (Seufzend) Vielleicht fährt sie ja auch bald.

Er: (erregt) Sei beruhigt! Ich werde meine Frau Schwägerin nichts merken lassen. Ich werde sie nur fragen – ruhig und höflich fragen –, wann sie abzureisen gedenkt.

Sie: Das wirst du nicht tun, Jochen.

Er: Du wirst mich nicht daran hindern.

Sie: Wenn du meine Schwester hinaus wirfst, dann ist es aus zwischen uns.

Er: Wenn es wegen so einer blöden Ziege aus sein soll – meinetwegen. Auf jeden Fall habe ich genug von diesem Besuch, genau so wie du, wenn du es auch nicht zugeben willst. Und ich setze ihm ein Ende. Soll die Dame Gerda ruhig böse sein. Dann kommt sie wenigstens nicht wieder.

Kommentare

In diesen Situationen geht es um die **Unfähigkeit „nein"
zu sagen**, die Unfähigkeit, den eigenen Besitz an Materie, Zeit
Kraft, Gefühl gegen die Wünsche und Forderungen der anderen abzuschirmen und zu verteidigen. Es geht um Menschen, die sich von ihrem
Lebensgefühl her menschlichen Kontakt nur unter der Bedingung vorstellen können, daß man niemals nein sagt zu den Wünschen, Forderungen und Überforderungen des anderen.

Betrachten wir den Einzelfall:

Sie liest Colette.

Eheleute können sich gegenseitig viel Verdruß bereiten, wenn sie
nicht richtig mit ihrer Zeit umzugehen verstehen. Auch Zeit ist ein
Besitz, ist etwas, das verwaltet werden will, wie es denn auch in
Redensarten heißt, daß man dem anderen seine Zeit oder dem Herrgott
den Tag stiehlt, daß jemand ein Tagedieb und daß Zeit Geld ist.

In der ersten Szene stört die Frau ihren Partner dauernd aus der
ihr selbstverständlichen unbewußten Annahme und Erwartung heraus,
daß er in jedem Augenblick für sie Zeit hat, ja haben müsse — und nicht
nur Zeit, sondern auch Aufmerksamkeit; denn Störung bedeutet einen
überfallartigen Zugriff auf die Zeit und die Aufmerksamkeit des
anderen. Der Partner seinerseits wehrt sich nicht rechtzeitig gegen
diese Fehlerwartung, sondern läßt es anfangs zu, daß sie über seine
Zeit und Aufmerksamkeit willkürlich verfügt und sie ihm sozusagen
stückweise entreißt. Doch sammelt sich bei jeder Störung Ärger in
ihm, der sich allmählich häuft und sich endlich als Zorn entlädt.

In der zweiten Szene wehrt er sich zeitiger gegen ihren Zugriff auf
seine Zeit, die er sich nicht nehmen lassen möchte, und vermeidet so
einen Wutausbruch. Er hätte natürlich einer Störung auch von vornherein schon vorbeugen können.

Gäste am Abend.

Wohl selten wird Unmut über Gäste, die nicht rechtzeitig aufbrechen,
Anlaß zu einer ernsteren Ehekrise geben. Aber ein paar Wolken können
schon entstehen, wenn keiner der Gastgeber den Mut findet, auf taktvolle Weise auszudrücken, daß man zum Schluß kommen wolle. Auch
für Festlichkeiten und Parties gilt wie für jeden Genuß, daß zu einem
bestimmten Zeitpunkt ein Mehr anfängt, ein Weniger zu werden. Es

ist für den Nachgeschmack wichtig genug, daß man diesen Zeitpunkt spürt und die Gesellschaft auflöst. Der Gastgeber unseres Beispiels war — auch nach den geltenden Konventionen — nicht genötigt, um 1⁰⁰ Uhr noch eine Flasche Wein anzubieten. Ein anderes wäre es gewesen, wenn er aus eigenem Wunsch auf diese Weise der Gesellschaft neuen Auftrieb hätte geben wollen.

Der Hausbesuch.

Hausbesuch ist häufiger ein Anlaß zu ehelichen Auseinandersetzungen, als man meinen möchte. Die Ehepartner unserer ersten Szene sind sich im Grunde darüber einig, daß „Besuch und Fisch am dritten Tage stinken", wie ein chinesisches Sprichwort es ausdrückt. Das ist natürlich nicht wörtlich zu nehmen. Aber alles hat eben sein Maß — auch die Dauer eines Logierbesuches. Wird dieses Maß überschritten, so kehrt sich in Verdruß, was vorher Vergnügen war. Und an solchem Verdruß entzündet sich leicht ein Zank, wie zwischen den Eheleuten hier, die sich in der Sache einig sind, in bezug auf die Form aber voneinander abweichen.

Wie soll man dem Gast klar machen, daß seine Abreise nunmehr erwünscht ist? Das ist wirklich eine heikle Frage, nachdem der richtige Zeitpunkt einmal verpaßt worden ist. Richtiger wäre es gewesen, sich vor oder gleich nach Eintreffen des Gastes untereinander und mit ihm über die Dauer seines Aufenthaltes zu einigen. Jetzt nach drei Wochen gerät der verärgerte Gastgeber in die Gefahr, sich grob und verletzend zu äußern. Und selbst aus einem taktvollen Hinweis wird auch ein nicht allzu empfindlicher Gast die Feststellung heraushören: „Wir haben jetzt genug von dir".

Es ist besser, seine Belange rechtzeitig abzugrenzen oder zu verteidigen und sich nicht durch Menschen oder Situationen so weit an die Wand drücken zu lassen, daß man eines Tages angreifend vorwärts drängen muß, weil ein weiteres Zurück nicht möglich ist.

8. Geiz

Der Geizkragen.

Er und sie am Sonntagnachmittag im Wohnzimmer beim Kaffee. Ihr zweijähriger Sohn spielt auf dem Teppich.

Er: Jetzt spielt der Junge wieder mit den Aschenbechern. Wie du dir das ansehen kannst! Das ist doch kein Spielzeug. Er wird noch alles hier demolieren.

Sie: Die Aschenbecher sind aus Metall. Sie sind unzerbrechlich. Warum soll Christoph nicht damit spielen?

Er: (brummt etwas Unverständliches. Nach einiger Zeit beunruhigt) Was macht er denn jetzt? Was hat er denn da? Etwa die Zeitung von gestern, die ich noch nicht gelesen habe? (Springt auf und reißt dem Kind die Zeitung fort. Stöhnend) Den ganzen Wirtschaftsteil der „Frankfurter" hat er zerrissen. (Sinkt erschöpft in seinen Sessel.) Wie kann man in Ruhe Kaffee trinken, wenn ein Kind im Zimmer ist — ein Kind, das laufend Unheil anrichtet und das man ständig beaufsichtigen muß. Nach meiner Ansicht gehört ein Kind in diesem Alter in den Laufstall und ins Kinderzimmer.

Sie: (bestimmt) Christoph ist den ganzen Tag im Ställchen und allein. Nachmittags braucht er Auslauf und Gesellschaft.

Er: Auf Kosten meiner Nerven. Es ist furchtbar. Die Ehe ist ein Martyrium für einen Mann, wenn er nur halbwegs sensibel ist.

Sie: (ungerührt) Ich weiß, du bist schwer geprüft, Herbert. Übrigens erwartet dich noch eine Attacke, du geplagter Familienvater.

Er: Um Gotteswillen! Was ist denn nun schon wieder?

Sie: Wie wäre es, wenn du mir von jetzt an ein monatliches Taschengeld geben würdest? Sagen wir, fünfzig Mark?

Er: (eine einzige Abwehr) Das schlag' dir nur gleich aus dem Kopf. Ein Taschengeld? Welche Idee! Nur ein Frauenhirn kann so was hervorbringen. Und wozu! Du hast doch alles, was du brauchst.

Sie: Was ich brauche? Findest du? Aber was habe ich denn eigentlich! Ich habe das Haushaltsgeld, das übrigens knapp genug ist, und über das ich genau Buch führen muß. Du verlangst doch Rechenschaft über jeden Pfennig. Nun ja, Ordnung muß sein. Meinetwegen. Aber ich möchte auch etwas Geld zur Verfügung haben, über das ich nicht abzurechnen brauche. Bis zu unserer Heirat habe ich selbst verdient und immer genug eigenes Geld gehabt. Ich würde auch jetzt gern berufstätig sein — schon aus diesem Grunde. Aber das willst du auch nicht. Wenn Vater mir nicht gelegentlich ein paar Mark schicken würde, dann käme ich mir vor wie eine Sklavin.

Er: Ich soll dir also zusätzlich Geld in die Hand geben und das bei deiner verschwenderischen Ader. (Nach kurzem Nachdenken)

Sie: Kommt überhaupt nicht in Frage. Wenn du Anschaffungen nötig hast, dann sage es mir nur jeweils.

Sie: (ärgerlich) Ich will dir mal was sagen, Herbert. Mir verweigerst du einen Monatsbetrag von fünfzig Mark und dabei gibst du für andere Leute fast regelmäßig viel mehr aus. Wie war das denn in der letzten Woche nach eurer Arbeitsbesprechung, als ihr noch alle zusammen in der „Krone" wart und du hast für die ganze Gesellschaft bezahlt. Und dein Assistent, der kriegt laufend was aus deiner Tasche, ohne daß du irgendwie dazu verpflichtet wärst. Da bist du großzügig.

Er: Das ist ganz was anderes.

Sie: So? Das mußt du mir, bitte, erklären.

Er: Darüber bin ich dir keine Rechenschaft schuldig. Ich kann schließlich mit dem von mir verdienten Gelde machen, was ich für gut befinde.

Sie: Natürlich! Das ist dein gutes Recht. Aber wenn du für deine Freunde und Mitarbeiter immer eine offene Hand hast, dann könntest du mir auch die fünfzig Mark monatlich geben. Sie stehen in gar keinem Verhältnis zu dem, was du für die anderen ausgibst.

Er: Ich denke nicht daran. Daraus wird nichts. Schluß jetzt.

Sie: Du bist und bleibst ein Geizkragen, Herbert. Wann wird dir mal klar werden, wie unmöglich du mich oft behandelst!

Kommentar

Die „Todsünde" des G e i z e s , in unserer Sozietät bespöttelt, verschrien und — leider unbesehen — abgelehnt! Unbesehen, d. h. ohne daß die zugrundeliegende Dynamik und die „Funktion" dieser Charaktereigentümlichkeit näher gesehen werden, um sie verstehbar und vielleicht auflösbar zu machen.

Daß Geiz eine zwischenmenschliche Beziehung stören muß, ist verständlich und an der vorangegangenen Szene abzulesen:

Der Geizkragen.

Es gibt Männer, die zur Außenwelt hin zur Verschwendung neigen, während sie der eigenen Frau gegenüber ausgesprochen geizig sind.

Diese zwiegesichtige Haltung kann verschiedenen unbewußten Motivationen entspringen.

Oftmals steht hinter der geizigen Einstellung zur Partnerin der Wunsch, diese knapp zu halten, sie finanziell zu gängeln, damit sie nicht zu „groß" werde. Solche Männer fürchten, daß die Frau die ganze Hand ergreifen wird, wenn man ihr erst einmal den kleinen Finger gereicht hat. Sie sind sich ihrer Fähigkeit nicht sicher, etwa auftauchenden unangemessenen Ansprüchen der Frau ein Nein entgegenzusetzen. Ihr Geiz enthält ein vorsorgliches Nein, um einen unbescheidenen Zugriff der Partnerin von vornherein und ein für allemal zu blockieren.

Oft auch handelt es sich bei solchen Geizigen um Männer, die sich selbst wenig, ja nahezu nichts gönnen und die daher auch der Partnerin nichts zu gönnen bereit sind. Sie würden sonst das Gefühl haben, zu arbeiten und zu schuften, indessen die Frau auf Kosten dieser Schufterei das Leben genießt.

Hinter der Kehrseite dieses Geizes, hinter der Verschwendung zur Außenwelt hin, stehen oftmals Anerkennungsstreben und Geltungsverlangen. Man zeigt Freunden und Mitarbeitern durch großzügige Einladungen und eine auch anderweitig offene Hand, wie gut man wirtschaftlich das Leben meistert, so gut, daß es auf etliche Zehnmarkscheine eben nicht ankommt. Zudem versucht man, sich auf solche Weise die Sympathie und das Wohlwollen der anderen zu „erkaufen".

Die Verschwendung kann auch Durchbruchscharakter haben. Ein geiziger Mensch, der sich selten etwas gönnt, wird seine Wünsche durch den Geiz aufstauen, bis sie im Sinne plötzlicher Verschwendungssucht durchbrechen. Solch ein durchbruchsartiges „Genießen" wird er gleichfalls eher mit Freunden, mit Fernerstehenden als mit der eigenen Frau teilen — aus Angst, daß die Ehepartnerin daraus ein Gewohnheitsrecht ableiten könnte.

Es handelt sich bei vielen Geizigen also um Menschen, die im Grunde nicht nein sagen können. Sie können es deshalb nicht, weil von ihnen in der Kindheit zu früh und zu intensiv zu viel gefordert wurde, — etwa in der Phase der Sauberkeitsgewöhnung — ohne daß es ihnen möglich war, sich zu weigern. Denn ein Kleinkind ist so angewiesen auf die Liebe seiner Pflegepersonen, daß es sich deren Liebesbedingungen immer unterwerfen wird, auch auf Kosten seiner sonstigen Bedürfnisse — das heißt, in diesen Fällen auf Kosten der Strebung, Eigenes festzuhalten, Besitz zu bewahren und, bei übermäßigen Forderungen, sich zu weigern, also nein zu sagen. Das Bedürfnis zum Nein wurde im frühkindlichen Ansatz seiner Entwicklung gehemmt, zurückgehalten, verdrängt; es verkümmerte. Auf Grund der ihm innewohnenden und gestauten Dynamik drängt es jedoch im späteren Leben immer wieder an, besonders dann, wenn reale Forderungen und Verpflichtungen an den Betreffenden herantreten. Zu solchen Verpflichtungssituationen gehört auch die Ehe. Denn Ehe ist unter anderem ein Vertrag mit realen Rechten und Pflichten. Diesen Pflichten gegenüber entwickeln solche Menschen dann auch haltungsmäßig ein zum Geiz erstarrtes „Nein".

IV. SCHLUSSWORT

Wie Nehmen, Behalten und Geben innig miteinander verbunden sind und in unlösbarem funktionalem Zusammenhang zueinander stehen, wurde von Conrad Ferdinand Meyer im Bild des römischen Brunnens erlebt, empfunden und poetisch ausgedrückt — so dicht und gültig, daß seine Verse das bisher Gesagte gleichsam besiegeln mögen.

Der römische Brunnen

Auf steigt der Strahl und fallend gießt
Er voll der Marmorschale Rund,
Die, sie verschleiernd, überfließt
In einer zweiten Schale Grund;
Die zweite gibt, sie wird zu reich,
Der dritten wallend ihre Flut
Und jede nimmt und gibt zugleich
Und strömt und ruht.

Psychologische Handbücher bei Kindler

Handbuch der Ehe-, Familien- und Gruppen-Therapie
Herausgegeben von CLIFFORD J. SAGER und HELEN SINGER KAPLAN
Edition der erweiterten deutschen Ausgabe von ANNELISE HEIGL-EVERS
Mit einem Vorwort von Horst E. Richter
3 Bände mit insgesamt 1276 Seiten, Leinen

Handbuch der Verhaltenstherapie
Herausgegeben von CHRISTOPH KRAIKER
2. Auflage, 672 Seiten, farbiger Einband

Handbuch der psychologischen Theorien
von ANN F. NEEL
2. Auflage, 568 Seiten, Paperback

Handbuch der Kinder-Psychoanalyse
Einführung in die Psychoanalyse von Kindern und Jugendlichen nach den Grundsätzen der Anna-Freud-Schule
Herausgegeben von GERALD H. J. PEARSON
424 Seiten, Leinen

IRVIN D. YALOM
Gruppenpsychotherapie
Grundlagen und Methoden
450 Seiten, Leinen

Psyche des Kindes
Herausgegeben von Dr. Dr. Jochen Stork

BRUNO BETTELHEIM
Die Geburt des Selbst
Erfolgreiche Therapie autistischer Kinder. 600 Seiten, Paperback

BRUNO BETTELHEIM
Die symbolischen Wunden
Pubertätsriten und der Neid des Mannes auf die Frau. 256 Seiten, Paperback

JULIEN BIGRAS
Gute Mutter – Böse Mutter
Das Bild des Kindes von der Mutter. 216 Seiten, Paperback

JOHN BOLLAND/JOSEPH SANDLER
Die Hampstead-Methode
dargestellt in Aufzeichnungen der Psychotherapie eines Kindes
208 Seiten, Paperback

EDWARD DE BONO
Kinderlogik löst Probleme
224 Seiten, Paperback

MELANIE KLEIN/JOAN RIVIERE
Seelische Urkonflikte
Liebe, Haß und Schuldgefühl. 156 Seiten, Paperback

MELANIE KLEIN
Der Fall Richard
Das vollständige Protokoll einer Kinderanalyse durchgeführt von Melanie Klein.
700 Seiten, Paperback

SERGE LEBOVICI/JOYCE MCDOUGALL
Eine infantile Psychose
Fallstudie eines schizophrenen Kindes. Ca. 408 Seiten, Paperback

PIERRE MÂLE
Psychotherapie bei Jugendlichen
Krisen und Probleme in der späten Pubertät. 232 Seiten, Paperback

HANNA SEGAL
Melanie Klein
Eine Einführung in ihr Werk. 180 Seiten, Paperback

DANIEL WIDLÖCHER
Was eine Kinderzeichnung verrät
Methode und Beispiele psychoanalytischer Deutung. 244 Seiten, Paperback

D. W. WINNICOTT
Familie und individuelle Entwicklung
(The Family and Individual Development)
260 Seiten, Paperback

D. W. WINNICOTT
Reifungsprozesse und fördernde Umwelt
(Maturational Processes and Facilitating Environment)
376 Seiten, Paperback

D. W. WINNICOTT
Von der Kinderheilkunde zur Psychoanalyse
304 Seiten, Paperback

verlegt bei Kindler

Studienausgaben

L. BRYCE BOYER
Psychoanalytische Behandlung Schizophrener
228 Seiten

MARTIN GROTJAHN
Analytische Gruppentherapie
Kunst und Technik
ca. 296 Seiten

H. GOETZE/W. JAEDE
Die nicht-direktive Spieltherapie
220 Seiten

FRIEDHART KLIX
Psychologische Beiträge zur Analyse kognitiver Prozesse
314 Seiten

ARTHUR G. NIKELLY (Hrsg.)
»Neurose ist eine Fiktion«
Die Behandlung von Verhaltensstörungen nach Alfred Adler
244 Seiten

JOSEF RATTNER
Psychoanalyse und Gruppenpsychotherapie der Angst
196 Seiten

CARL R. ROGERS
Therapeut und Klient
Grundlagen der Gesprächspsychotherapie
200 Seiten

H. F. SEARLES
Der psychoanalytische Beitrag zur Schizophrenieforschung
(Collected Papers on Schizophrenia and Related Subjects)
276 Seiten

B. F. SKINNER
Wissenschaft und menschliches Verhalten
(Science and Human Behavior)
428 Seiten

B. F. SKINNER
Die Funktion der Verstärkung in der Verhaltenswissenschaft
(Contingencies of Reinforcement)
262 Seiten

D. W. WINNICOTT
Die therapeutische Arbeit mit Kindern
(Therapeutic Consultations in Child Psychiatry)
326 Seiten mit 351 Zeichnungen

verlegt bei Kindler

Die Psychologie des 20. Jahrhunderts
Das fünfzehnbändige Informationswerk

BAND I	DIE EUROPÄISCHE TRADITION Tendenzen · Schulen · Entwicklungslinien
BAND II	FREUD UND DIE FOLGEN (1) Von der klassischen Psychoanalyse…
BAND III	FREUD UND DIE FOLGEN (2) …bis zur allgemeinärztlichen Psychotherapie
BAND IV	PAWLOW UND DIE FOLGEN Von der klassischen Konditionierung bis zur Verhaltenstherapie
BAND V	BINET UND DIE FOLGEN Testverfahren · Differentielle Psychologie · Persönlichkeitsforschung
BAND VI	LORENZ UND DIE FOLGEN Tierpsychologie · Verhaltensforschung · Physiologische Psychologie
BAND VII	PIAGET UND DIE FOLGEN Entwicklungspsychologie · Denkpsychologie · Genetische Psychologie
BAND VIII	LEWIN UND DIE FOLGEN Gruppendynamik · Sozialpsychologie · Gruppentherapie
BAND IX	ERGEBNISSE FÜR DIE MEDIZIN (1) Psychosomatik
BAND X	ERGEBNISSE FÜR DIE MEDIZIN (2) Psychiatrie
BAND XI	KONSEQUENZEN FÜR DIE PÄDAGOGIK (1) Entwicklungsmöglichkeiten und erzieh. Modelle
BAND XII	KONSEQUENZEN FÜR DIE PÄDAGOGIK (2) Entwicklungsstörungen u. therapeutische Modelle
BAND XIII	ANWENDUNGEN IM BERUFSLEBEN Arbeits-, Wirtschafts- und Verkehrspsychologie
BAND XIV	AUSWIRKUNGEN AUF DIE KRIMINOLOGIE Delinquenz und Gesellschaft
BAND XV	TRANSZENDENZ, IMAGINATION UND KREATIVITÄT Religion · Parapsychologie · Literatur und Kunst

Fordern Sie bitte unseren Sonderprospekt an

Kindler Verlag München